W0035370

Bernd Biedermann · Wolfgang Kerner

Krieg am Himmel

Bernd Biedermann · Wolfgang Kerner

Krieg am Himmel

Luftprovokationen, Spionageflüge, Flugzeugentführungen

steffen verlag

Inhaltverzeichnis

Vorwort

Der Himmel über dem Territorium und den Hoheitsgewässern eines Staates unterliegt generell seiner Souveränität. Einen offenen Himmel gibt es deshalb nur über den Weltmeeren und über Teilen der Arktis und Antarktis. Es gehört zu den völkerrechtlich verbrieften Rechten, dass jeder Staat die Benutzung seines Luftraums eigenständig regelt. Die Ausübung der Lufthoheit zählt zu den wichtigsten Merkmalen der Souveränität von Nationalstaaten überhaupt. Das Völkerrecht legt allerdings keine eindeutige Obergrenze des Luftstroms fest. Gegenwärtig gilt: Bis zu einer Höhe von 60 km kann der Luftraum dem darunter liegenden Staatsgebiet als zugehörig erachtet werden, ab 110 km Höhe handelt es sich um staatsfreien Raum. Diese Festlegung trägt der Raumfahrt Rechnung, weil sog. Parkbahnen, auf denen sich Satelliten mit geringem Antrieb lange halten können, etwa in Höhen ab 150 km liegen.

Bei den Luftprovokationen, Spionageflügen, Flugzeugentführungen und Luftzwischenfällen, die hier beschrieben werden, geht es ausschließlich um den Luftraum, in dem Flugzeuge fliegen können. Diese Grenze hat sich im Laufe der Jahre ständig nach oben verschoben. Nach dem Zweiten Weltkrieg erfuhr das Flugwesen einen enormen Aufschwung. Neue Flugzeugtypen mit Strahltriebwerken, die nicht nur schneller, sondern auch entschieden höher fliegen konnten, eroberten den Luftraum. Damit begann mitten im Frieden ein Kampf am Himmel, der manchmal einem Krieg gleichkam und der immer stärker vom Kalten Krieg geprägt wurde.

„Der Kalte Krieg war seinem Wesen nach ein fortwährender Versuch, das bipolare Staatensystem zugunsten der einen oder der anderen Seite zu überwinden und es durch ein unipolares Weltsystem zu ersetzen. Das war das eigentliche Ziel beider Führungsmächte und der Hintergrund für die Entstehung des Kalten Krieges. Der militärische Faktor war in diesem Spiel der Supermächte um die unipolare Weltherrschaft das Mittel erster Wahl. Die Welt erlebte die bislang intensivste und längste Periode der Militarisierung und der Konfrontation unter der Schwelle eines offenen Konflikts."[1] Dabei spielte das, was am Himmel über souveränen Staaten und über See geschah, eine besondere Rolle.

Im Laufe der Zeit ereigneten sich viele Luftprovokationen, unzählige Spionageflüge fanden statt und es gab eine große Zahl von Flugzeugentführungen. Zudem ereigneten sich im Flugverkehr immer wieder ernsthafte und zum Teil tragische Zwischenfälle. Auch nach dem Ende des Kalten Krieges kam es zu weiteren gefährlichen Ereignissen am Himmel. Diese Erscheinung setzt sich bis heute fort.

Die USA hatten bereits 1947 ein Programm zur Luftüberwachung, Aufklärung und Kartografie beschlossen. 1949 wurde das PARPRO (Peacetime Airborn Reconnaissance Program – Programm für luftgestützte Aufklärung im Frieden) verabschiedet, mit dem Einsätze vor allem gegen die Sowjetunion und ihre Streitkräfte geflogen wurden. Im Rahmen seiner Realisierung gab es eine große Vielfalt an Aktivitäten, um die Ziele dieses Programms zu erreichen.

Niemand kennt die genaue Anzahl der Luftprovokationen, der Spionageflüge und Zwischenfälle, die es im Laufe der Zeit von verschiedenen Seiten und in fast allen Teilen der Welt gegeben hat. <u>Allein vom Territorium der Bundesrepublik und Westberlins kam es im Zeitraum von 1980 bis 1988 zu insgesamt 98 Verletzungen des Luftraums der DDR.</u>

Im Zusammenhang mit Flügen dieser Art steht immer wieder die Frage, wie sie zu bezeichnen sind. Während des Kalten Krieges war es üblich, dass jede Seite ihre Flüge als Aufklärungsflüge bezeichnete, die der anderen Seite aber als Spionageflüge. Die Autoren vertreten die Auffassung, dass Flüge, die in Friedenszeiten die Souveränität und Lufthoheit eines Landes verletzen, zu Recht als Spionageflüge bezeichnet werden. Anders verhält es sich im Krieg. Da sind Flüge dieser Art durchaus als Aufklärungsflüge zu benennen.

Der Beitrag über die Operation „Eldorado Canyon", bei der es sich um einen Luftschlag ohne Kriegserklärung handelte, wurde aufgenommen, weil sich Aktionen dieser Art in den letzten Jahren häufen und die Luftspionage dabei stets eine besondere Rolle spielt. Solche Operationen machen deutlich, dass der militärische Faktor zur Durchsetzung nationaler Interessen noch immer ein Mittel erster Wahl ist.

Die ausgewählten Episoden sollen an Ereignisse der jüngeren Geschichte erinnern und das Verständnis für aktuelle Begebenheiten fördern. Dabei sind wir uns bewusst, dass um viele dieser Geschehnisse im Laufe der Jahre Mythen, Fiktionen, Legenden und Spekulationen entstanden sind, die der Einzelne nur schwer von den Tatsachen unterscheiden kann. In der Vergangenheit wurde in vielen Fällen nahezu alles unternommen, um die Wahrheit zu vertuschen und die Sachverhalte zu verfälschen. Besonders verwerfliche Aktionen versuchte man totzuschweigen oder mithilfe der Geheimdienste, die häufig auch die Drahtzieher waren, aus der Welt zu schaffen. Daran hat sich bis heute offensichtlich nichts geändert.

Das vorliegende Buch versucht, eine Bresche in die Mauer vorgefasster Meinungen zu schlagen. Es soll dem Leser ermöglichen, sich selbst ein Urteil zu bilden.

Zur Geschichte der Luftspionage

Bei einem Rückblick in die Geschichte stößt man immer wieder auf die Spionage, die bekanntlich eines der ältesten Gewerbe der Menschheit ist. Auf Tontafeln mit Keilschrift aus den Jahren um 3000 v. Chr., die im Zweistromland gefunden wurden, sind die Forscher auf Texte gestoßen, die über Spionage berichten. Es ist also kein Wunder, wenn uns die Spionage als Erscheinung der Geschichte bis in die Gegenwart verfolgt. Dabei waren und sind die Mittel und Methoden der Spionage häufig mit dem jeweiligen wissenschaftlich-technischen Fortschritt verbunden.

In der jüngeren Vergangenheit waren es vor allem drei Erfindungen, die sowohl bei der Spionage, als auch in der Aufklärung zu einer quantitativen und qualitativen Weiterentwicklung geführt haben: Die Entdeckung der Fotografie, der Flugzeugbau und die Funkmesstechnik.

Besonders während des Ersten Weltkrieges wurden neue Technologien und Verfahren entwickelt. Zunächst setzten beide kriegführenden Seiten unbewaffnete Flugzeuge als Artilleriebeobachter und zur Aufklärung des gegnerischen Territoriums ein. Anschließend erweiterte man die Ausrüstung der Flugzeuge um Fotoapparate und schuf eine Funkverbindung zwischen Flugzeug und Boden.

Diese Entwicklung hatte für die Spionage selbst und auch für die ausführenden Personen einen großen Vorteil. Mit dem Einsatz von Flugzeugen wurde im Krieg der Begriff „Spionage" durch „Aufklärung" ersetzt. Aufklärer wurden, wenn sie in die Hände des Feindes fielen, als Soldaten behandelt und gingen in Gefangenschaft, während „normale" Spione bestraft wurden, häufig mit dem Tod.

Bis zum Ende des Ersten Weltkrieges entstand in den kriegführenden Staaten eine umfangreiche Organisation für die Luftaufklärung, die neben den Trägerflugzeugen für die Luftbildkameras auch die Bearbeitung und Auswertung der Filme einschloss.

Luftspionage zwischen dem Ersten und dem Zweiten Weltkrieg

Entsprechend dem Vertrag von Versailles durfte Deutschland keine Luftstreitkräfte mehr unterhalten, und die aus dem Ersten Weltkrieg noch vorhandenen Flugzeuge mussten verschrottet werden. Die Herstellung und Unterhaltung von Flugzeugen für den zivilen Einsatz unterlagen einer strengen Kontrolle. Viele Flugzeugfirmen verlagerten deshalb ihre Entwicklung und Produktion ins Ausland.

Um ein konkurrenzfähiges ziviles Luftfahrtunternehmen in Deutschland zu schaffen, formierte sich, auch mit Unterstützung der Reichsregierung, aus verschiedenen kleineren Firmen im Jahr 1926 die Deutsche Lufthansa AG. Im gleichen Jahr entstand die Hansa-Luftbild GmbH als Tochtergesellschaft der Lufthansa, die in den folgenden Jahren weltweit sehr erfolgreich war, weil sie auch auf den Erfahrungen und der Weiterentwicklung der Technik für Luftaufnahmen zu topografischen und kommerziellen Zwecken aufbauen konnte.

Ende der 1920er-Jahre arbeiteten weltweit viele Konstruktionsbüros an der Weiterentwicklung der zivilen und der militärischen Versionen der Flugzeuge. Alle Staaten, die es sich leisten konnten, betrieben Luftspionage in jeder nur erdenklichen Form. Als Trägermittel für die Luftbildkameras waren Flugzeuge erwünscht, die durch die Luftverteidigung nicht erfasst und bekämpft werden konnten.

Die Flugzeugindustrie beschäftigte sich deshalb mit der Konstruktion von Flugzeugen, die durch den Einsatz von Druckkabinen und speziellen Flugzeugmotoren in große Höhen vordringen konnten. Die Junkers-Werke stellten 1929 mit der W-34 einen Höhenrekord von 12.739 m und 1931 mit der Ju-49 von 13.000 m auf. Diese Erfolge dienten als Grundlage u. a. zur Entwicklung von Höhenaufklärungs- und Bombenflugzeugen in den folgenden Jahren.

Die Führung der Reichswehr versuchte schon frühzeitig, die Bestimmungen des Versailler Vertrags zu umgehen. Sie nutzte mit Einverständnis der Regierung die neugeschaffenen Verbindungen zur Sowjetunion, um die Ausbildung des Personals und die für Deutschland verbotenen waffentechnischen Entwicklungen dort zu realisieren.

1930 wurde begonnen, die Vorbereitungen für den Ausbau des Heeres dahingehend zu erweitern, dass nunmehr im Kriegsfall aus den sieben Divisionen behelfsmäßig 21 Divisionen gebildet werden konnten. Natürlich wurde auch der Aufbau von Luftstreitkräften betrieben. Unter den gegebenen Umständen war dieser Plan allerdings nur unvollständig zu realisieren. Deshalb kam es im Jahr 1932 zur Überprüfung der Grundlage für die Rüstung – das Ergebnis war ein zweites Rüstungsprogramm.

Hitler konnte nach seiner Machtübernahme beim Aufbau der Wehrmacht auf die fertigen Pläne der Reichswehr zurückgreifen. Für die Wehrmachtsführung wuchs der Bedarf an Informationen über die Nachbarländer Deutschlands ständig. Deshalb erhöhten sich auch die Anforderungen an die entsprechenden Organisationen. Allein zur Erstellung einer notwendigen Zielkartei für die Luftwaffe in den Jahren 1935 bis 1939 benötigte man umfangreiche Ressourcen. Ab 1936 entstand bei Hansa-Bild unter der Führung von Theodor Rowehl eine Fliegerstaffel mit verschiedenen Flugzeugtypen (Do 215 B2, He 111, Ju 88 und Ju 86), die Spionageflüge in Höhen von 10.000 bis 13.000 m ausführen konnten. Weder Fliegerabwehrkanonen noch Jagdflugzeuge erreichten diese Höhen. Von solchen Flügen waren alle Nachbarn Deutschlands betroffen. Die Ergebnisse bearbeitete die Hauptbildstelle des Reichsluftfahrtministeriums, wo sie auch in der angestrebten Zielkartei gesammelt wurden.

Abbildung 1 zeigt einen Überblick über die Möglichkeiten der Luftspionage gegen die Staaten in Westeuropa während der Jahre 1937 bis 1939. Parallel zur Aufklärung in Westeuropa erfolgte die Sammlung von Informationen auch über Polen, die Tschechoslowakei und andere Staaten. Ab 1939 standen die Erkundungen von Gebieten der UdSSR verstärkt auf der Tagesordnung. Deren Möglichkeiten sind in Abbildung 2 dargestellt.

Über eine interessante Episode vor dem Angriff Hitlerdeutschlands auf die Sowjet-union berichtet der ehemalige KGB-General Sudoplatow.

„Im Mai 1941 verletzte, unbemerkt von der sowjetischen Luftabwehr, eine deutsche Ju-52 den sowjetischen Luftraum und landete wohlbehalten auf dem zentralen Flughafen in Moskau unweit des Dynamo-Stadions. Dies löste im Kreml große Erregung aus und zog eine Säuberung unter den Oberbefehlshabern der Armee nach sich; zuerst erfolgten Entlassungen, dann Festnahmen und Hinrichtungen leitender

01 – Die Aufklärungsmöglichkeiten der deutschen Luftwaffe vor dem Zweiten Weltkrieg in Westeuropa

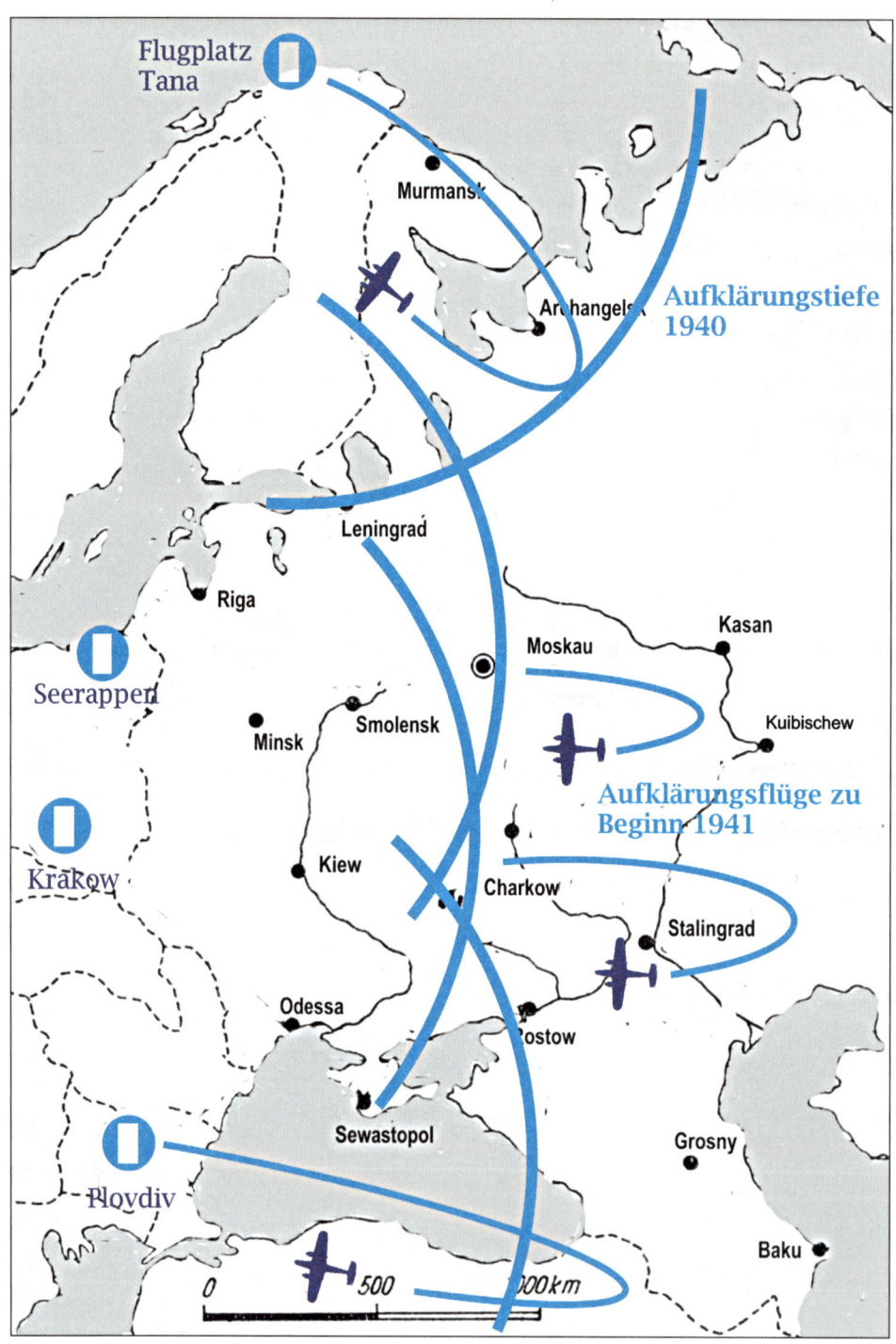

Flugplatz Tana
Murmansk
Archangelsk
Aufklärungstiefe 1940
Leningrad
Riga
Seerappen
Minsk
Smolensk
Moskau
Kasan
Kuibischew
Aufklärungsflüge zu Beginn 1941
Krakow
Kiew
Charkow
Stalingrad
Odessa
Rostow
Sewastopol
Grosny
Plovdiv
Baku
0   500   000 km

02 – Aufklärungsmöglichkeiten der deutschen Luftwaffe 1940/1941 gegen die UdSSR

Persönlichkeiten im Oberkommando der Luftwaffe der Roten Armee. Für Hitler signalisierte diese spektakuläre Landung, dass die Einsatzbereitschaft der Roten Armee gering war."[2]

Anderen Quellen zufolge soll die Ju-52 als Kurierflugzeug für einen Brief Hitlers gedient haben, in dem er Stalin den bevorstehenden Überfall auf England angekündigt habe. Sehr wahrscheinlich handelt es sich dabei um eine Spekulation. Im Verlauf des Zweiten Weltkrieges erfuhr die Luftaufklärung auf beiden Seiten erneut eine enorme Entwicklung. Nicht nur der Einsatz von Luftaufklärern zur Unterstützung der kämpfenden Bodentruppen, auch die Aufklärung der Entfaltung der Truppen des Gegners und der Bombenkrieg erforderten eine möglichst zeitnahe und umfassende vorherige Aufklärung. Ebenso wichtig waren Luftbilder zur Kontrolle nach den Bombardierungen, um die Ergebnisse der Angriffe festzustellen. Die dabei entstandenen Luftbilder sind bis heute ein wesentliches Hilfsmittel bei der Auffindung von Bombenblindgängern.

Luftspionage und Luftverteidigung im Wettlauf

Die nach dem Zweiten Weltkrieg einsetzende neue Ära der Luftspionage verschärfte sich im Laufe des Kalten Krieges. Schon Anfang der 1950er-Jahre hatten die USA im Rahmen ihres Ballonprojekts GENETRIX versucht, unter Ausnutzung der sog. Jetstreams (Höhenwinde) relevante Objekte hauptsächlich in der UdSSR aufzuklären. Bis Ende Februar 1956 hatten sie 516 Ballons gestartet, von denen allerdings nur 34 verwertbare Fotos lieferten. Bis in die 1960er-Jahre hinein wurden insgesamt 1400 Ballons aufgelassen. Gleichzeitig gab es in dieser Zeit viele gefährliche Anflüge von Flugzeugen der USA und Großbritanniens auf die Grenzen der Sowjetunion und eine ständig steigende Anzahl bewusster Luftraumverletzungen. Das am häufigsten eingesetzte Flugzeug war damals die RB-47. Mit diesen Flügen sollten radioaktive Wolken von Kernwaffenversuchen der UdSSR aufgespürt, Rüstungszentren und militärische Objekte aufgeklärt, der Stand der Entfaltung der strategischen Einsatzmittel festgestellt und die Luftverteidigung getestet werden.[3] Die sowjetische Seite stand immer wieder vor der Frage, wie diesen Aktivitäten zu begegnen sei. Sie erhob auf diplomatischem Wege energischen Protest und schoss einzelne eingedrungene Flugzeuge ab, zum Beispiel an ihren Ostseegrenzen und im Fernen Osten. Schon bei den Ballons zeigte sich jedoch, dass geeignete Mittel der bodenständigen Luftverteidigung gegen hochfliegende Ziele fehlten. Selbst die neuen Jagdflugzeuge mit Strahltriebwerken konnten Ziele in diesen Höhen nicht erreichen.

Die U-2 als besonderes Kapitel

Bei dem strategischen Aufklärungsflugzeug Lockheed U-2 „Dragon Lady", das 1956 in Dienst gestellt wurde, handelt es sich im Prinzip um ein Segelflugzeug mit einem Strahltriebwerk, das sich technisch wie aerodynamisch im Grenzbereich bewegt.

Die U-2 hat bemerkenswerte taktisch-technische Daten: maximale Reichweite bis 7000 km, Gipfelhöhe 21,2 km, maximale Flughöhe (je nach Modifikation) bis 28 km, Höchstgeschwindigkeit 805 km/h, Marschgeschwindigkeit ca. 700 km/h.

Durch zwei zusätzliche Behälter unter den Flügeln konnte die Aufnahme weiterer Ausrüstung zur Aufklärung erfolgen.

Für die Piloten, die einen Druckanzug tragen mussten, war die U-2 nicht unproblematisch, vor allem beim Start und bei der Landung. Ein zweiter Pilot überwachte am Boden den Start, und auch die Landung erforderte die Begleitung durch einen Experten, der in einem schnellen Auto schräg hinter der Maschine fuhr, um den Piloten einzuweisen. Auch während des Fluges musste der Pilot hoch konzentriert bleiben. Bei Abweichungen von nur 8 km/h von der je nach Höhe optimalen Geschwindigkeit wurde die Maschine instabil oder ihr Triebwerk setzte aus. Außerdem mussten die beiden schwenkbaren Panoramakameras von Hand ein- und ausgeschaltet werden. Wiederholt gab es Probleme mit dem Schleudersitz. Bis 1989 wurden insgesamt

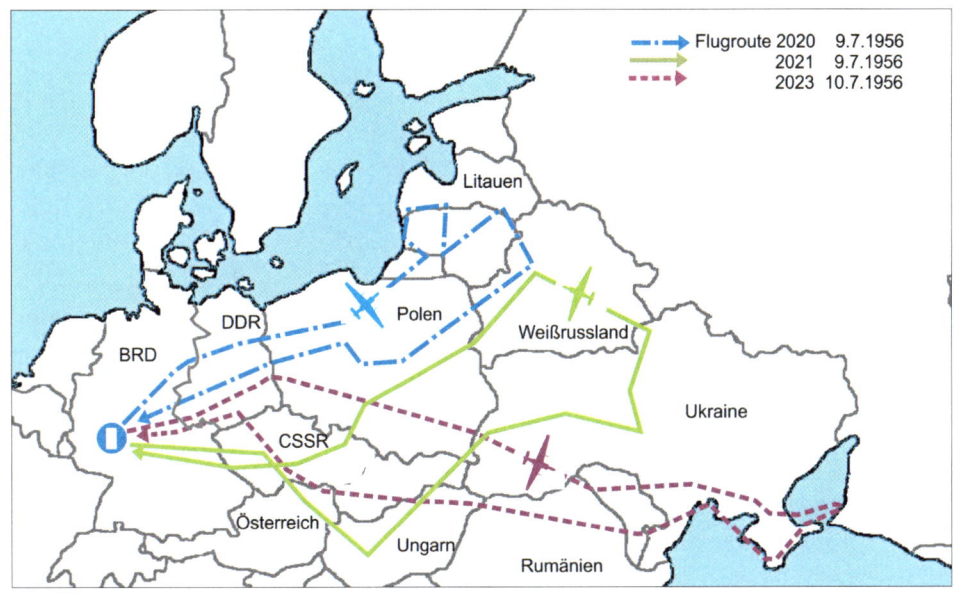

03 – Beispiele für Spionageflüge der U-2 über Osteuropa

Legend in figure:
Flugroute 2020 9.7.1956
        2021 9.7.1956
        2023 10.7.1956

86 Maschinen gebaut, die wechselnden Betreibern dienten (US Air Force, CIA und NASA). Einzelne Maschinen waren auch 2013 noch im Betrieb.

Bereits am 20. Juni 1956 hatte eine U-2 von Wiesbaden aus die DDR, Polen und die CSR überflogen. Anfang Juli erfolgten weitere Flüge über Polen und Weißrussland bis nach Leningrad. Am 5. Juli 1956 drang eine U-2 sogar bis Moskau vor, wahrscheinlich um den Stand des Aufbaus des neuen Luftverteidigungssystems aufzuklären. Alle Versuche, sie mit Jagdflugzeugen zu erreichen, scheiterten. Die MiG-17 hatten keine Chance, auf die Flughöhe der U-2 von 20 km aufzusteigen, Flugabwehrkanonen erreichten diese Höhe ohnehin nicht. Weitere drei Flüge führten in der ersten Julihälfte 1956 in die baltischen Sowjetrepubliken, nach Weißrussland, in die Ukraine, nach Rumänien und Ungarn. Die sowjetische Führung empfand diese Flüge als eine außerordentliche Demütigung, die sie nicht länger hinnehmen wollte.

In den Konstruktionsbüros und Produktionsbetrieben der Sowjetunion wurde schon seit geraumer Zeit mit Hochdruck daran gearbeitet, wirksame Mittel für die Luftverteidigung des Landes zu entwickeln und schnell in Dienst zu stellen. Das sollten vor allem Flugabwehrraketen (Fla-Raketen) sein, die nicht nur alle gerade im Einsatz befindlichen Flugzeuge des potenziellen Gegners bekämpfen konnten, sondern ebenso deren nächste Generation. Ähnlich wie bei der Entwicklung einsatzfähiger Boden-Boden-Raketen wirkten auch an der Konstruktion von Fla-Raketen deutsche Wissenschaftler und Techniker mit, die man in die Sowjetunion geholt hatte. Sie leisteten einen beträchtlichen Beitrag bei der Entwicklung und Erprobung

04 – Lockheed U-2 (Anfang der 1960er-Jahre)

dieser neuen Technik, obwohl sich die Sowjetunion bemühte, den Einblick deutscher Wissenschaftler in die Entwicklung der Militärtechnik auf ein Minimum zu beschränken. So war z. B. das Flüssigkeitstriebwerk der 2. Stufe dieser neuen Flugabwehrraketen eine originalgetreue verkleinerte Kopie des Antriebs der deutschen V-2 (A-4). Allerdings waren die sowjetischen Wissenschaftler und Techniker bestrebt, sich so schnell wie möglich von der Hilfe der deutschen Spezialisten zu lösen. Die Erarbeitung notwendiger theoretischer Grundlagen, besonders auf mathematischem Gebiet, und ihre Umsetzung in die Praxis, sollten ausschließlich von Sowjetbürgern realisiert werden. Auf dieser Basis entstand so eine wirksame Waffe zur Abwehr der neuen, wesentlich schneller und höher fliegenden Luftangriffsmittel. Gleichzeitig wurde an der Entwicklung neuer Jagdflugzeuge gearbeitet, die solche Flugzeuge abfangen konnten.

Schon 1953 war mit dem Aufbau eines zweifachen Ringes von stationären Fla-Raketenkomplexen (FRK) S-25 Berkut um Moskau begonnen worden. Der innere Ring, der etwa 45 km vom Zentrum der Stadt entfernt verlief, bestand aus 22, der äußere (ca. 85 km vom Zentrum) aus 34 Abteilungen. Die Tatsache, dass die Technik des S-25 bei laufenden Modernisierungen bis in die 1980er-Jahre in der Bewaffnung bleiben konnte, belegt ihre exzellente Grundkonzeption. Weitere Flüge von U-2 über Moskau hat es nach 1956 nicht mehr gegeben. Nach der erfolgreichen Erprobung auf den Schießplätzen und der Bestätigung durch die staatliche Kommission wurden in nur drei Jahren (1957 bis 1960) über 240 verlegbare Fla-Raketenkomplexe S-75 verschiedener Modifikationen mit den dazu gehörigen Raketen 1D und 11D produziert, in die Truppe eingeführt und zur Deckung wichtiger Zentren in 80 Fla-Raketenregimentern entfaltet. Ab 1959 war man in der Lage, diese Technik ausgewählten Partnerländern zu liefern, darunter auch der DDR.

Mit der Einführung der Höhenaufklärer auf der einen und der Fla-Raketentechnik und immer höher und schneller fliegender Abfangjagdflugzeugen auf der anderen Seite, wurde eine neue Runde des Wettlaufs zwischen Spionage- und Angriffsflugzeugen und Luftabwehrmitteln eingeleitet. Dieser Wettlauf hält auch heute noch an. So sind z. B. die Anstrengungen, Flugzeuge durch die sog. Stealth-Technologie für Funkmessstationen unsichtbar zu machen, darauf gerichtet, sich der Bekämpfung durch die Luftverteidigung zu entziehen. Allein die physikalischen Gesetze sprechen dafür, dass dies nicht gelingen kann. Das Prinzip der Funkortung besteht eben nicht darin, dass elektromagnetische Energie (Wellen bzw. Impulse) an Flugobjekten nur reflektiert wird und deshalb von der Empfangseinrichtung der sendenden Station wieder empfangen werden kann. Wenn elektromagnetische Wellen auf feste Körper treffen, regen sie diese zu Eigenschwingungen an und machen sie quasi zu Sendern. Je nach Material- und Oberflächenbeschaffenheit senden sie stärker oder schwächer.

05 – Startrampe des FRK „Dwina" mit einer Fla-Rakete 11D

Da die so entstehenden Signale in der Regel sehr schwach sind, hängt es maßgeblich von der Qualität der Empfänger ab, ob sie überhaupt auswertbar sind. Die Raketenleitstation des „Dwina-Komplexes" war damals in der Lage, empfangene Signale der minimalen Größe von $0,25 \cdot 10^{-9}$ Watt so zu verstärken, dass sie auf den Bildschirmen sichtbar waren und im Regelkreis der Leitstation bearbeitet werden konnten. Was die Verstärker des Empfangskanals (Hoch-, Zwischen- und Niederfrequenz) leisteten, wird auch daran deutlich, dass die Leitoffiziere in der Herbstzeit immer wieder die Schwärme von Zugvögeln auf ihren Bildschirmen beobachten konnten. Die Verbesserung der Empfängerempfindlichkeit in der Gegenwart ermöglicht die Problemlösung natürlich nur in Kombination mit anderen technischen Entwicklungen, wie z. B. durch das Passivradar.

Im Luftraum besteht durch die Vielzahl abgestrahlter elektromagnetischer Wellen und durch die natürlichen Strahlungsquellen ein sich ständig veränderndes elektromagnetisches Feld. Ein fliegendes Objekt baut jeweils ein eigenes Feld auf, das sich von dem allgemeinen Feld unterscheidet und es zugleich beeinflusst. Die wissenschaftlich-technische Entwicklung hat es ermöglicht, diese Veränderungen des elektromagnetischen Feldes durch Flugobjekte zu deren Ortung auszunutzen. Im Zusammenspiel von GPS und digitaler Signalbearbeitung gelingt heute die Ortung nahezu aller Flugobjekte, ohne dass die empfangende Station selbst über einen Sender verfügt.

Der praktische Beweis, dass die Stealth-Technologie Flugzeuge eben nicht unsichtbar machen kann, wurde bereits während des Jugoslawienkrieges erbracht, als noch kein Passivradar im Einsatz war. Am 27. März 1999 wurde zwischen 20:00 und 21:00 Uhr ein Stealth-Bomber vom Typ F-117 „Nighthawk" (Nachtfalke) beim Angriff auf Belgrad erst von einer MiG-21 beschossen und beschädigt, um dann von einer Fla-Rakete getroffen und endgültig zerstört zu werden. Zwar konnte sich der Pilot noch herauskatapultieren und danach von einem Combat Rescue Team (Spezialteam zur Rettung abgeschossener Piloten) gerettet werden, aber der Mythos der Unsichtbarkeit von Stealth-Flugzeugen gehört seitdem der Vergangenheit an.

In geheimer Mission

In dem Buch „Der Handlanger der Macht" schreibt der ehemalige Generalleutnant des KGB, Pawel Anatoljewitsch Sudoplatow:

„Mit Marschall Golowanow beriet ich mich wegen eines Tests unserer Schlagkraft gegen NATO-Stützpunkte in Westeuropa; es war geplant, einige Bomber, die in der Lage waren, strategische Einrichtungen anzugreifen, auf Sondierungsmission zu entsenden, um zu testen, ob sie vom feindlichen Radar entdeckt würden. Wir hatten durch einen holländischen Luftwaffenoffizier beim NATO-Hauptquartier bereits einen ‚Freund-Feind'-Radardetektor gesichert, der zur Identifizierung anfliegender Flugzeuge eingesetzt wurde. Nun wollten wir herausfinden, ob wir die westlichen Geräte nicht überlisten könnten, indem wir unser Exemplar an einem Bomber befestigten. Der Aufklärer startete Ende Mai 1953 von Murmansk aus zu einem Rundflug über den Norden Norwegens und Großbritanniens, wo er sich strategischen militärischen Einrichtungen und Häfen der NATO bis auf Kampfentfernung näherte, und kehrte unentdeckt zurück.

Die Idee für diesen Aufklärungsflug stammte von meinem Büro und war mit der strategischen Luftwaffe abgesprochen. Unser Verbindungsmann zum Generalstab war Oberst Simin; er berichtete mir vom erfolgreichen Abschluss der Mission und

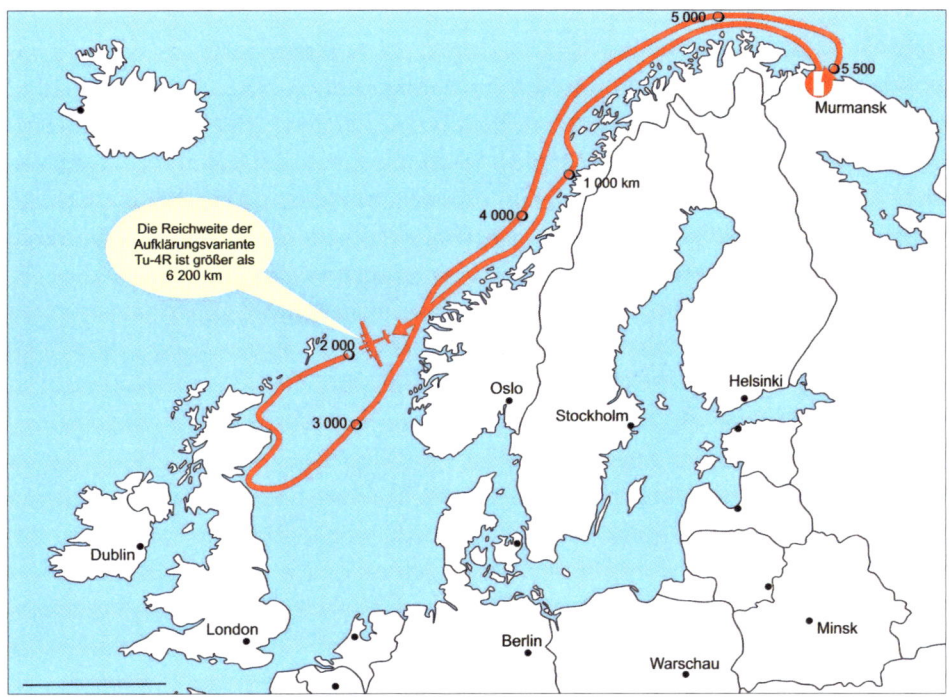

06 – Lageskizze zum möglichen Flugverlauf

ich meldete es weiter an Berija. Man gab mir Bescheid, die Generäle Stemenko und Sacharow vom Generalstab seien beeindruckt gewesen."[4]

So lapidar beschreibt Sudoplatow eine Episode, die symptomatisch war für die beginnenden 1950er-Jahre. Das gegenseitige Misstrauen der beiden um die Vorherrschaft ringenden Großmächte wuchs ständig und führte zu abenteuerlichen Spionageaktionen.

Wer war Sudoplatow und wie glaubwürdig ist das, was er hier beschreibt? Pawel Anatoljewitsch Sudoplatow (1907–1996) war am Ende seiner militärischen Laufbahn Generalleutnant und wegen seiner Funktionen im Volkskommissariat für Innere Angelegenheiten (NKWD) in der Öffentlichkeit wenig bekannt. Schon mit 12 Jahren war er in die Rote Armee eingetreten, zeichnete sich mehrfach aus und wurde 1944 Leiter der neu geschaffenen Abteilung S, die in Bezug auf die atomare Rüstung sämtliche nachrichtendienstlichen Tätigkeiten der Hauptverwaltung Aufklärung der Sowjetarmee (GRU) und des NKWD zu bündeln hatte. Zwischenzeitlich (von 1946 bis 1953) in anderen Funktionen eingesetzt, übernahm er 1953 erneut die Abteilung S. Aus dieser Zeit stammt der obige Bericht. An seiner Glaubwürdigkeit kann es kaum Zweifel geben.

Sudoplatow wurde im Herbst 1953 nach dem Sturz Berijas seines Postens enthoben und blieb nach wiederholter Verurteilung bis 1968 in Haft. 1992 wurde er rehabilitiert. Seine Autobiografie, die er zusammen mit seinem Sohn Anatoli und zwei US-amerikanischen Autoren schrieb, erschien 1994 zunächst auf Englisch und Deutsch, erst 1996 auf Russisch.

Wie ist die geschilderte Episode aus fachlicher Sicht zu werten? Da ist zunächst festzustellen, dass außer Sudoplatows Bericht kein anderes Material dazu vorliegt bzw. einsehbar ist. Außerdem ist es nicht leicht, die konkreten politischen und militärischen Bedingungen jener Zeit genau zu rekonstruieren und in den richtigen historischen Zusammenhang zu stellen. Dennoch soll hier der Versuch einer genaueren Beschreibung dieser geheimen Mission unternommen werden.

Da ist zunächst die Frage: Welches sowjetische Flugzeug konnte damals einen solchen Flug überhaupt ausführen? Strahlgetriebene Bomber, wie die Tu-16, sind erst Ende des Jahres 1953 in Dienst gestellt worden und kommen deshalb nicht in Betracht. Zur Verfügung stand in dieser Zeit nur ein großer Bomber: die kolbengetriebene Tu-4. Diese Maschine war ein Nachbau der amerikanischen B-29. Sie war als viermotoriger Langstreckenbomber konzipiert. Die Tu-4 hatte, in Abhängigkeit von der Zuladung, eine Reichweite von 5100 oder 6200 km. Sie erreichte Geschwindigkeiten über 500 km/h und eine Höhe von 11.200 m. Es gab auch eine Aufklärungsversion Tu-4R, in der in einem der beiden Bombenschächte die Foto- und Funkmess-Ausrüstung untergebracht war, im anderen ein Zusatztank. Vieles spricht demzufolge dafür, dass der Flug im Mai 1953 mit einer solchen Maschine ausgeführt wurde.

Was die Beschreibung der Einzelheiten zu dieser Mission angeht, so ist erkennbar,

dass sowohl der Autor als auch die Über-
setzer keine Fachleute auf dem Gebiet
des Flugwesens waren und die entsprechenden Termini nicht kannten. Was sie
als „Freund-Feind"-Radardetektor bezeichnen, heißt eigentlich „Kennungsgerät" bzw. „Freund-Feind-Gerät". Auch
der Begriff „Kampfentfernung" ist so
nicht üblich. Das ändert allerdings nichts
an der Authentizität des Berichts. Welche
weitere Ergebnisse bzw. Erkenntnisse

07 – Foto einer Tu-4

dieser Flug der sowjetischen Seite gebracht hat, war leider nicht zu ermitteln.

Ob die Aufklärungsmaschine tatsächlich unentdeckt geblieben war oder man nur
deshalb nicht auf sie reagierte, weil sich das Flugzeug als „Eigener" zu erkennen gab,
ist aus Sudoplatows Bericht nicht zu entnehmen.

Der Flug vom Mai 1953 war auch deshalb bedeutsam, weil damals Langstreckenbomber die einzigen Trägermittel für Atombomben waren, mit denen eine glaub-
würdige Abschreckung überhaupt realisiert werden konnte. Die Tatsache, dass die
Sowjetunion nunmehr nicht nur über Kernwaffen verfügte, sondern sie auch auf
große Entfernungen einsetzen konnte, löste in den USA größte Besorgnis aus. Die
Folge war, dass von Seiten der Vereinigten Staaten alles unternommen wurde, um
die Entwicklung der strategischen Bombenfliegerkräfte der Sowjetunion genau zu
verfolgen. Die Flugplätze der strategischen Bomber waren deshalb bevorzugte Ziele
von Flügen US-amerikanischer Aufklärungsmaschinen. Schon 1947 hatte die US
Air Force begonnen, mit einzelnen Flugzeugen immer wieder in den sowjetischen
Luftraum einzudringen, um Informationen zur militärischen Stärke des potenziellen
Gegners zu erlangen.

Für die sowjetische Militäraufklärung war die Dislozierung der strategischen
Bomber der USA kein Geheimnis. Ihre Plätze sowie die Anzahl und die Typen der
Flugzeuge waren bekannt. Was man nicht kannte, waren die genauen Möglichkeiten
der Ortung und Abwehr gegnerischer Flugzeuge. Wahrscheinlich fand der Flug im
Mai 1953 hauptsächlich deshalb statt.

Hubschrauber der US Army landet 1958 in der DDR

Am 7. Juni 1958 um 09:45 Uhr startet in Frankfurt am Main ein Hubschrauber der US Army vom Typ H-34 zu einem Flug zum Truppenübungsplatz Grafenwöhr.

Der Hubschrauber wird von First Lieutenant Mike Ellis und Master Sergeant Carrol Ruffin geflogen. Weiter sind an Bord: Major George Kemper (Stabschef der Artillerie der 3. US-Panzerdivision und damit ranghöchster Offizier), Major James Zeller, Captain Allan Brister, Captain Paul Jones, Captain Frank Athanason, First Lieutenant Thomas Westbrook und Chief Warrant Officer Leroy Malone. Infolge eines Gewitters verliert Ellis vor Grafenwöhr die Orientierung, verfehlt den Truppen-übungsplatz und fliegt weiter in Richtung NNO. Um 12:00 Uhr melden Grenzposten der DDR eine Luftraumverletzung durch einen Hubschrauber. Circa um 13:15 Uhr muss Ellis landen, weil ihm der Treibstoff auszugehen droht. Bei der Landung be-rühren die Rotorblätter das Geäst eines Baums und sind danach irreparabel zerstört. Die Amerikaner steigen aus und beginnen kurz danach, mitgeführte Unterlagen zu verbrennen. Dabei werden sie von Kindern und Jugendlichen beobachtet, die inzwi-schen vor Ort sind. Der Landeplatz liegt etwa 200 bis 300 m südöstlich der Stelle, wo die Eisenbahnstrecke Zwickau – Falkenstein die heutige Autobahn A 72 quert. Schon kurz nach 13:30 Uhr trifft ein Schnellkommando des Volkspolizei-Kreisamts

08 – Hubschrauber H-34

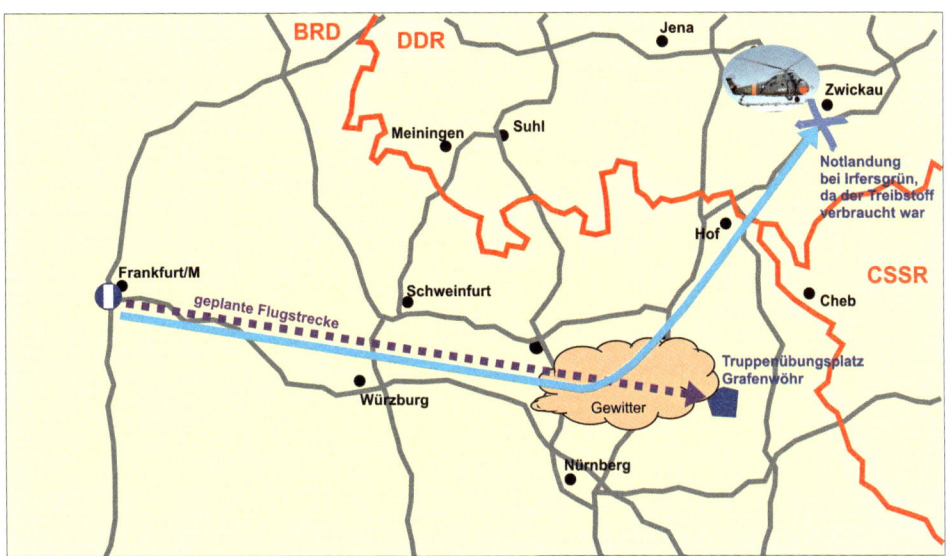

09 – Geplante und reale Flugroute

(VPKA) Zwickau am Landeplatz ein. In der Luft erscheinen einzelne sowjetische Jagdflugzeuge. Die US-Militärs werden von der Polizei nach Zwickau überführt. Nur wenig später kommen Angehörige der Sowjetarmee am Landeplatz an, darunter zwei Generäle, die den Hubschrauber begutachten. Etwa um 16:10 Uhr trifft ein Zug Offiziersschüler der Infanterie-Offiziersschule Plauen ein, der von Oberleutnant Hans Wrobel geführt wird. Sie übernehmen die Bewachung des Hubschraubers.[5]

Die Amerikaner lehnen zunächst jedes Gespräch mit Vertretern der DDR ab und bestehen auf einer Kontaktaufnahme mit Angehörigen der Sowjetarmee. Diese machen ihnen klar, dass sie sich auf DDR-Territorium befinden und fordern sie auf, mit deren Behörden zu verhandeln. Sie werden vom VPKA Zwickau in ein Gästehaus nach Karl-Marx-Stadt (seit 1990 wieder Chemnitz) gebracht, wo die ersten Befragungen durch Vertreter des Ministeriums für Staatssicherheit vorgenommen werden. Am folgenden Tag trifft Oberst Arnold von der NVA ein. Ihm zur Seite steht Oberstleutnant Alexander Karin. Der spätere Generalmajor und Leiter des Informationsdienstes der Militäraufklärung der NVA war damals verantwortlicher Mitarbeiter der Verwaltung für Koordinierung, wie die Verwaltung Aufklärung der NVA bis 1959 aus Geheimhaltungsgründen bezeichnet wurde. Karin, der die englische Sprache beherrscht, führt die Befragung ausschließlich in Englisch.

Bei diesen Vernehmungen nennen die drei Amerikaner, mit denen er sprechen konnte, nur ihren Dienstgrad und Namen. Die Beantwortung weiterer Fragen lehnen sie ab. Dieses Verhalten entspricht genau ihrem vorgeschriebenen Verhaltenskodex. Wie sich später erweisen sollte, waren sie alle Teilnehmer am Koreakrieg und wuss-

10 – Entlassung der Hubschrauberbesatzung (Links Major Kemper)

ten, wie sie sich in solchen Fällen zu verhalten hatten. Karin kehrt nach Berlin zurück und stößt am nächsten Tag beim Studium der Presse auf einen Artikel in der New York Times, in dem in aller Ausführlichkeit nicht nur die Namen der notgelandeten US-Soldaten, sondern auch Angaben zu ihren Familienverhältnissen, die Namen ihrer Ehefrauen, der Kinder und die Wohnorte veröffentlicht sind. Ausgestattet mit diesen Informationen fährt Karin umgehend wieder nach Karl-Marx-Stadt. Als er bei den Gesprächen von seinem Wissen über die einzelnen Amerikaner Gebrauch macht, sind sie sichtlich überrascht, üben aber weiter Zurückhaltung bei der Beantwortung seiner Fragen. Die US-Soldaten geben übereinstimmend an, auf einem Flug von Frankfurt a.M. nach Grafenwöhr gewesen zu sein, als sie in einem Gewitter die Orientierung verloren. Da ihr Treibstoff zur Neige ging, mussten sie notlanden und dabei gingen die Rotorblätter zu Bruch. Oberstleutnant Karin gewinnt den Eindruck, dass sie wahrheitsgemäß aussagen und informiert den Chef Aufklärung entsprechend.[6]

Später bringt man die US-Angehörigen bis zu ihrer Entlassung in einer Dresdener Villa unter. Lothar Striegnitz, damals junger Oberleutnant und Adjutant bei Generalmajor Pech, dem Stellvertreter des Chefs des Hauptstabes für allgemeine Fragen, erinnert sich daran, dass sein Vorgesetzter ihm in dieser Zeit ein Paket übergab, dessen Inhalt er auszupacken hatte und in seinem Panzerschrank aufbewahren sollte. Es handelte sich um drei amerikanische Pistolen und diverse Dokumente, darunter einige topografische Karten unter Folie. Sie stammten zweifelsfrei von den notgelandeten US-Amerikanern. Vor deren Entlassung musste er die Utensilien wieder abgeben.

Der Hubschrauber wird zunächst in das Objekt der Offiziersschule der NVA in Plauen überführt, wo er bewacht und untersucht wird. Später wird der Motor ausgebaut. Ab 1972 war er für viele Jahre im Militärmuseum in Dresden als Teil einer Sequenz über den Bombenkrieg der USA gegen Vietnam ausgestellt, allerdings deklariert als Motor eines über Vietnam abgeschossenen Hubschraubers.

Der Vorfall im Juni 1958 erlangte eine besondere politische Bedeutung, weil die Nichtanerkennung der DDR infolge der Hallstein-Doktrin einer raschen einvernehmlichen Lösung im Wege stand. Während die US-Seite darauf bestand, nur mit der Sowjetunion zu verhandeln, bestand die sowjetische Seite darauf, dass die Gespräche mit der souveränen DDR zu führen seien. Nach tagelangen Verhandlungen verständigte man sich darauf, dass Vertreter des Roten Kreuzes beider Länder die entsprechenden Vereinbarungen treffen könnten. So fand sich schließlich eine Lösung. Man einigte sich darauf, dass „… der US-Beauftragte Wilson in Vertretung der Vereinigten Staaten bzw. des Präsidenten des Roten Kreuzes der USA handelt".

Nach 42 Tagen ungewollten Aufenthalts beim „potenziellen Gegner" kehrten die US-Soldaten am 19. Juli 1958 in die BRD zurück. Sie wurden zusammen mit ihrem Hubschrauber, an dem allerdings nicht nur die Rotorblätter, sondern auch der Motor fehlte, bei Hof den Behörden der BRD übergeben. Die DDR stellte für ihren Aufenthalt einen Betrag von ca. 7300 DM in Rechnung, den die andere Seite ohne Einwände beglich. Rein rechnerisch bezahlte man damit nicht einmal 20 DM pro Mann und Tag.

Alle Vermutungen und Behauptungen, es könnte sich bei dem Flug des H-34 am 7. Juni 1958 um eine gezielte Luftprovokation oder einen Spionageflug gehandelt haben, erwiesen sich letztendlich als abwegig. Offensichtlich flogen die Amerikaner nach dem Gewitter deshalb in Richtung NNO weiter, weil sie annahmen, noch über dem Territorium der BRD zu sein. Man darf dabei nicht vergessen, dass damals die gerätetechnische Ausrüstung eines Hubschraubers nicht vergleichbar war mit der von heute. Und welchen Sinn hätte es gemacht, einen Flug auszuführen, bei dem es kein Zurück und damit kein Ergebnis gab?

Erster Abschuss eines Höhenaufklärers durch Fla-Raketen

Mitte 1959 hatte die Sowjetunion fünf Fla-Raketenkomplexe Dwina und 62 Raketen vom Typ 1D nach China geliefert, um die Hauptstadt Peking zu decken. Mao Tse-tung hatte ausdrücklich darum gebeten, noch vor dem 10. Jahrestag der Gründung der Volksrepublik am 1. Oktober 1959 die Stadt gegen weitere Überflüge zu schützen. Vorher waren schon mehrfach Spionageflugzeuge aus Taiwan kommend tief in den chinesischen Luftraum eingedrungen und ungestraft entkommen, weil sie so hoch flogen, dass die Jagdflugzeuge sie nicht erreichen konnten. Trotz der Meinungsver-schiedenheiten mit der Führung der KPCh, die nach dem XX. Parteitag der KPdSU 1956 eskalierten, hatte die sowjetische Führung entschieden, auch Spezialisten zur Entfaltung der Komplexe und zur Ausbildung der chinesischen Bedienungen zu den neu formierten Abteilungen zu entsenden. Sie hielten sich im Oktober 1959 noch bei den chinesischen Einheiten auf, bildeten deren Personal aus und nahmen direkt an der Gefechtsausbildung teil. Es besteht kein Zweifel daran, dass sie auch unmittelbar an den Handlungen der chinesischen Luftverteidigung gegen die Höhenaufklärungs-flüge beteiligt waren.

Am 7. Oktober 1959 überquerte ein aus Richtung Süden kommendes Flugzeug in 18.000 m Höhe die Seegrenze der VR China. Es handelte sich um eine RB-57D. Dieser Aufklärer war von den USA auf der Grundlage eines britischen Flugzeugs weiterentwickelt und speziell für extreme Höhen modifiziert worden. Jagdflugzeuge konnten ihn nicht abfangen. Als sich die RB-57D auf 500 km an Peking angenähert hatte, wurden die neuen Fla-Raketeneinheiten in Gefechtsbereitschaft versetzt. Nach dem Einflug in die Startzone der ersten Abteilung startete diese eine Reihe von drei Raketen, die alle am Ziel detonierten und es vollständig zerstörten. Der taiwanesische Pilot Intsin Van, der im Auftrag der USA flog, kam dabei ums Leben. China veröf-fentlichte zwar, dass man ein fremdes Flugzeug im Luftraum bei Peking abgeschossen hatte, ließ jedoch offen, wie der Abschuss erfolgt war. Zwischen der sowjetischen und der chinesischen Führung war aus Gründen der Geheimhaltung darüber Stillschwei-gen vereinbart worden. Dafür gab es zwei wesentliche Gründe: Erstens sollte nicht offenbart werden, dass es bereits Raketen dieser Leistungsparameter gab, zweitens, dass sie von der Sowjetunion an China geliefert wurden. An diese Vereinbarung haben sich beide Seiten bis in das 21. Jahrhundert gehalten.

Da weder die taiwanesische noch die amerikanische Seite an einer Offenlegung ihrer völkerrechtswidrigen Spionagetätigkeit interessiert waren, blieb der Vorgang bis in das 21. Jahrhundert im Dunkeln. Erst danach wurde bekannt, dass der erste er-folgreiche Einsatz sowjetischer Fla-Raketen gegen Flugzeuge in großer Höhe bereits im Oktober 1959 bei Peking stattgefunden hatte.

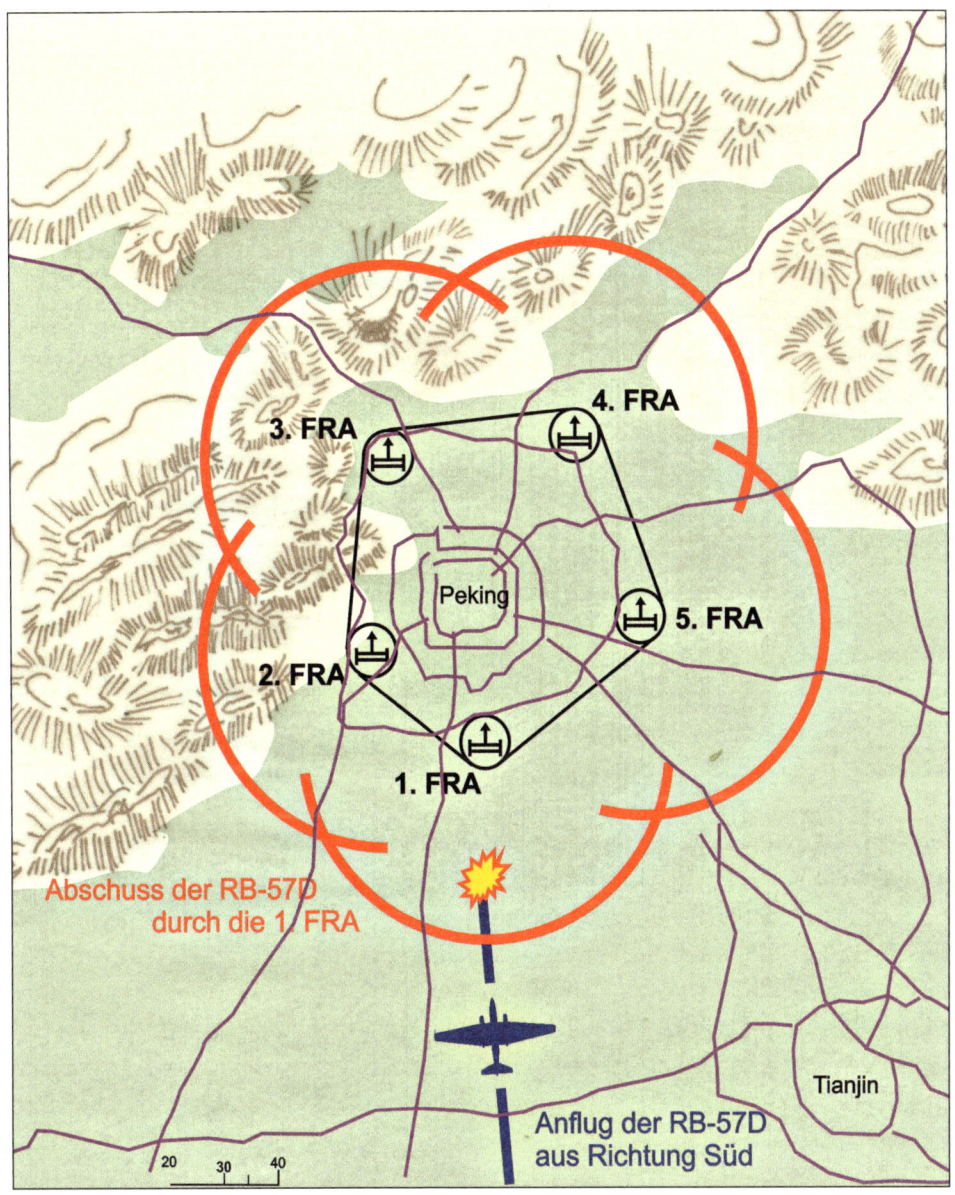

11 – Fiktive Gefechtsordnung der fünf FRA um Peking

12 – Aufklärungsflugzeug vom Typ RB-57

Mit diesem Erfolg wurde deutlich, dass sich Anfang der 1960er-Jahre bei der bodenständigen Luftverteidigung ein Quantensprung vollzog. Während die Hauptaufgabe der Flak darin bestand, den Luftgegner am gezielten Einsatz seiner Waffen zu hindern und ihn zum Abbruch des Angriffs zu zwingen, konnten Fla-Raketen mit einer hohen Wahrscheinlichkeit die Vernichtung der Luftangriffsmittel gewährleisten. Während die Jagdfliegerkräfte unverändert die mobilste Waffengattung der Luftverteidigung blieben, wurden die Fla-Raketentruppen (FRT) zu deren Hauptfeuerkraft. Damit konnten sich viele Vertreter der bisher führenden Waffengattung der Jagdflieger nur schwer abfinden. Es sollte noch lange dauern, bis bei der Luftverteidigung des Warschauer Vertrags die Dominanz von Fliegern in den Stäben und Gefechtsständen einer gleichberechtigten Teilnahme von Offizieren der FRT wich. Die Auswirkungen dieser Dominanz zeigten sich noch deutlich im Verlauf der Handlungen gegen die U-2, mit der am 1. Mai 1960 ein planmäßiger Spionageflug über der UdSSR ausgeführt wurde.

Über den Abschuss der U-2 am 1. Mai 1960 und andere U-2-Flüge

Der Flug der U-2 und ihr Abschuss am 1. Mai 1960 bei Swerdlowsk führten zu einer dramatischen Wende im Kalten Krieg. Der Abschuss galt lange als erste erfolgreiche Bekämpfung eines hochfliegenden Flugzeugs durch Fliegerabwehrraketen überhaupt.

Erst zu Beginn des 21. Jahrhunderts erfuhr die Öffentlichkeit, wie zuvor beschrieben, dass bereits am 7. Oktober 1959 eine RB-57 im Luftraum über Peking von einer Fla-Rakete sowjetischer Produktion vom Himmel geholt worden war.

Auch die U-2 hatte ihre Vorgeschichte. So ist z. B. die Tatsache kaum bekannt, dass die sagenumwobene Area 51 in Nevada ursprünglich speziell für die Erprobung der neu entwickelten U-2 angelegt wurde. Zur Vorgeschichte der U-2 gehört ebenfalls, dass bereits in den Jahren zwischen 1950 und 1960 ca. 20 andere Spionageflugzeuge abgeschossen wurden, die in den Luftraum der Sowjetunion eingedrungen waren.

Vor dem 1. Mai 1960 hatte die Regierung der UdSSR mit mehreren diplomatischen Noten bei der US-Regierung gegen die jüngsten Luftraumverletzungen durch die U-2 protestiert. Die Noten wurden nicht beantwortet. Da sie von der sowjetischen Seite nicht veröffentlicht wurden, blieben sie weitgehend unbeachtet. US-Präsident Eisenhower war unmittelbar vor dem geplanten Gipfeltreffen mit Generalsekretär Chruschtschow in Paris an neuesten Informationen über die Stärke der sowjetischen strategischen Fliegerkräfte interessiert. Deshalb genehmigte er den ersten Flug einer U-2 über das gesamte Territorium der Sowjetunion, obwohl auf dem bevorstehenden Gipfeltreffen Fragen der friedlichen Koexistenz anstanden.

Wie viele begrenzte Missionen insgesamt von U-2-Maschinen bis zum 1. Mai 1960 über der Sowjetunion ausgeführt wurden, ist nicht genau bekannt. Nach US-Quellen sollen es 24 gewesen sein.

So war Powers bereits am 9. April 1960 von der US-Airbase Peshawar in Pakistan in den sowjetischen Luftraum eingedrungen und hatte dabei mehrfach das Testgelände für Fla-Raketen beim See Balchasch überflogen. Die Funktechnischen Truppen hatten ihn an diesem Tag allerdings erst aufgefasst, als er sich bereits 250 km tief in ihrem Luftraum befand. Vier MiG-19s starteten vom Flugplatz Andischan in Usbekistan, konnten aber nur auf eine Höhe von 16.600 m gelangen. Eine weitere, speziell leichter ausgerüstete MiG-19SV erreichte zwar fast 20 km Höhe, war aber dort nicht mehr manövrierfähig und konnte demzufolge nichts gegen den Luftraumverletzer unternehmen. Auch zwei andere MiG-19, die bei Swerdlowsk gestartet waren, kamen nicht zum Zuge, weil einer der beiden Piloten auf dem Flugplatz Orsk, wo sie neu betankt werden sollten, eine Bruchlandung verursachte.

13 – Flugroute U-2 am 1. Mai 1960

Die U-2 überflog noch das Raketentestgelände von Baikonur und entkam nach 6 Stunden und 48 Minuten Aufenthalt im sowjetischen Luftraum nahe der turkmenischen Stadt Maryy in den Iran. Auf Befehl des Kommandeurs der 73. Luftarmee, General Wotintsew, verfolgten zwei MiG-17 den Luftraumverletzer und drangen dabei 250 bis 300 km tief in den Iran ein, konnten die U-2 jedoch nicht entdecken und kehrten um.

Der Chef der sowjetischen Luftverteidigung, Marschall S. S. Biryuzov, reagierte erzürnt und sagte dem General am Telefon keine Schmeicheleien. General Wotintsew wurde durch Verteidigungsminister Malinowski disziplinarisch zur Rechenschaft gezogen, obwohl ihm kein Fehler unterlaufen bzw. ein Vergehen vorzuwerfen war.

Schon nach den ersten Flügen der U-2 in den 1950er-Jahren standen die sowjetischen Luftverteidigungskräfte, insbesondere die Jagdflieger, unter großem Druck. Ihre wiederholten Versuche, hochfliegende Ziele abzufangen, waren alle gescheitert. Chruschtschow, der natürlich über den Abschuss des Höhenaufklärers am 7. Oktober 1959 über Peking unterrichtet war, hatte persönlich befohlen, den nächsten Luftraumverletzer unbedingt abzuschießen. In dieser angespannten Situation befanden sich die Luftverteidigungskräfte auch noch, als Powers am 1. Mai 1960 zu seinem Flug startete, der ihn in Süd-Nord-Richtung über das gesamte Territorium der Sowjetunion führen sollte. Über den Verlauf der Handlungen der Luftverteidigungskräfte wurde und wird bis heute höchst widersprüchlich berichtet und kontrovers gestritten.

Im Weiteren wird der Versuch unternommen, diese Episode so realistisch wie möglich zu rekonstruieren. Dazu wurden auch die jüngsten russischen Veröffentlichungen herangezogen, die Burghard Keuthe[7] im Informationsblatt der Gemeinschaft der 13er e. V. „Der Kanonier" Nr. 59, Ausgabe 1/2013 ausgewertet und zusammengefasst hat. Hier wesentliche Auszüge, die von den Autoren ergänzt wurden:

Der Pilot Francis Gary Powers überflog am 1. Mai 1960 mit seiner U-2 von Peschawar kommend um 05:36 Uhr Moskauer Zeit die südliche sowjetische Staatsgrenze. Gegen 06:00 Uhr wurden die Einheiten der Luftverteidigung im weiten Umkreis alarmiert und in die Bereitschaftsstufe 1 versetzt. Als feststand, dass sein Kurs in die Tiefe des Landes führte, wurde das Signal „Teppich" ausgelöst, wonach alle zivilen und militärischen Flugzeuge sofort zu landen hatten. Dieses Signal wurde durch die Jagdfliegerkräfte im Raum Swerdlowsk bewusst nicht befolgt. Wie sich dann zeigen sollte, war zu dieser Zeit das Zusammenwirken der Jagdflieger mit den Fla-Raketentruppen nur mangelhaft organisiert.

Powers drang auf seinem Flug nach Norden bei Tscheljabinsk in den Wirkungsbereich der 37. FRBr. ein. Die Brigade war mit Fla-Raketenkomplexen des Typs S-75 „Desna" ausgerüstet. Die südlichen vier Abteilungen der strukturmäßig sechs vorhandenen FRA deckten u. a. das Objekt „Tscheljabinsk-40", in dem die Anreicherung von spaltbarem Material für Kernwaffen vorgenommen wurde. Die Anlage befand sich ca. 150 km südöstlich von Swerdlowsk. Zwei Abteilungen der 37. FRBr waren zu diesem Zeitpunkt nicht in ihren Stellungen. Sie befanden sich zum Gefechtsschießen auf dem Schießplatz. Eine der verbliebenen FRA fasste das Ziel auf, konnte aber wegen zu großer Entfernung keine Raketen starten. Powers flog nun die Vernichtungszonen der beiden nördlichen FRA (5. und 6.) der 37. FRBr an.

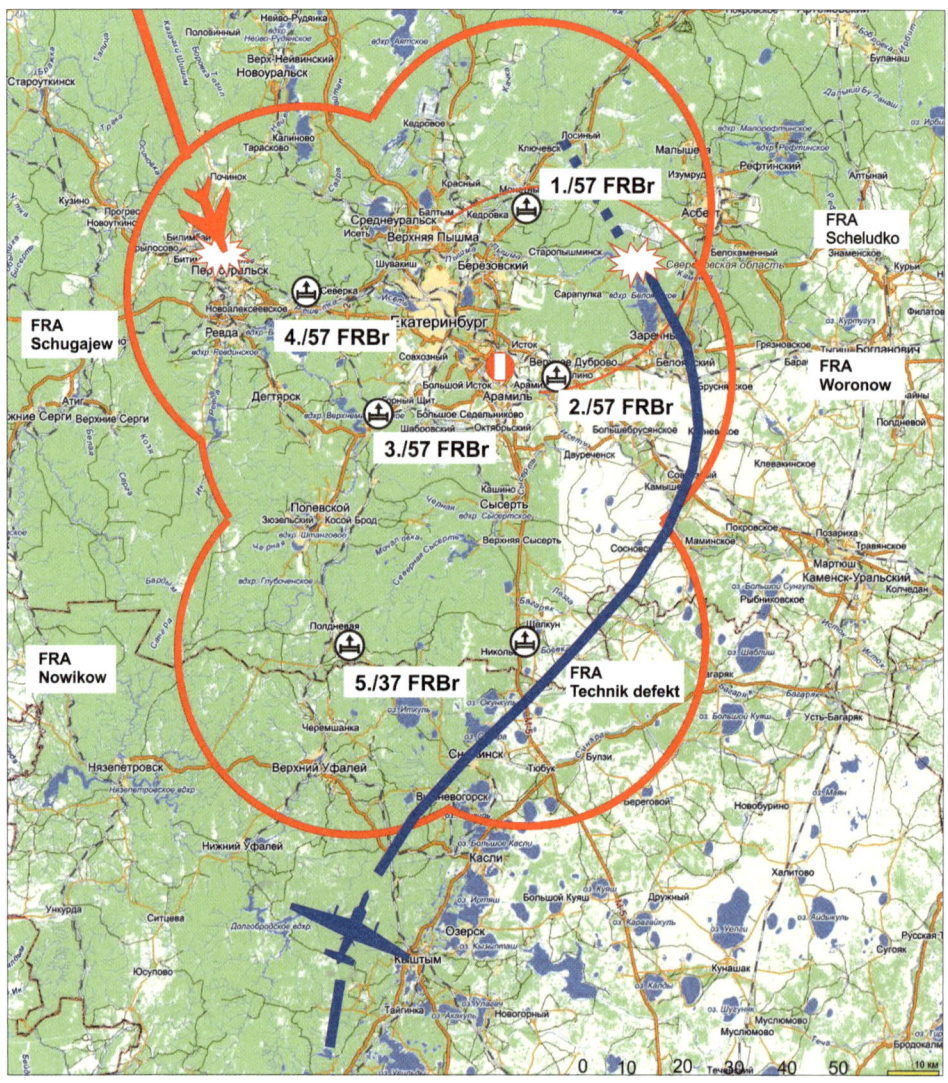

14 – Flugroute der U-2 durch die Gefechtsordnung der Fla-Raketentruppen im Raum Swerdlowsk bis zum Abschuss

Die Raketenleitstation der 6. FRA der 37. FRBr war kurz vorher durch einen technischen Defekt in der Sende-Empfangsanlage ausgefallen. Sie war demzufolge nicht gefechtsbereit. Vor ihrem Wirkungsbereich vollzog sich gegen 8:40 Uhr der erfolglose Versuch des Piloten Mentjukow, die U-2 mit seiner Su-T3 (Vorserienmuster der Su-9) zu rammen. Diese neue Maschine, die nach einem Werkstattaufenthalt zurücküberführt wurde, war waffentechnisch noch nicht bestückt. Sie besaß weder Luft-Luft-Raketen noch Bordkanonen.

Darstellung des Abschusses nach Oberst Ing. Samoilow:

„Der Kommandeur der 5. FRA der 37. FRBr, Oberstleutnant Nowikow, zögerte mit dem Start. Als er um 08:46 Uhr das Feuer eröffnete, war das Ziel bereits im Abflug."[8] Der Kursparameter (Abstand des seitlichen Vorbeifluges eines Ziels zur FRA) soll bei 22 km gelegen haben und lag damit an der äußersten seitlichen Grenze der Vernichtungszone. Die Startentfernung (Entfernung des Ziels beim Start der Rakete) betrug 32 km. Die Rakete detonierte in der 53. Sekunde des Fluges, festgestellt durch einen Obertechniker in der Kabine „A" der FRA von Nowikow. Der Autor Samoilow, damals 2. Zugführer in der FuTK dieser FRA, ist überzeugt, dass die Rakete das Ziel getroffen hat und es zum Absturz brachte.

Die beiden FRA der benachbarten 57. FRBr hätten demnach ca. 5–7 Minuten später auf das niedergehende, sich bereits zerlegende Ziel geschossen.

Ob der Funkzünder der Rakete, die von der 5. FRA der 37. FRBr gestartet worden war, tatsächlich auf das Ziel angesprochen hat, ist nicht nachweisbar. Zu beachten ist dabei, dass die Selbstzerlegung einer Rakete 13D gewöhnlich in der 60. Sekunde erfolgt, wenn das Ziel nicht getroffen wird. Sollte die Feststellung des Obertechnikers zutreffen, befand sich die Rakete in der 53. Sekunde bereits auf ihrem passiven Flugabschnitt, d. h. das Marschtriebwerk war nicht mehr in Betrieb. Da sich mit zunehmender Entfernung der systematische Lenkfehler erhöht, war zu diesem Zeitpunkt die zulässige Abweichung der Rakete von der kinematischen Flugbahn bereits überschritten. Unter solchen Bedingungen ist die Wahrscheinlichkeit für einen Treffer extrem gering, genauer gesagt: Ein Treffer wäre reiner Zufall.

Zudem kann nicht ausgeschlossen werden, dass die FRA von Nowikow nicht auf die U-2, sondern auf die landende Su-9 bzw. das Paar MiG-19 geschossen hat, ohne sie zu treffen.

Die Trümmerspur der U-2 zog sich über mehrere Kilometer südlich bis nördlich des Ortes Kossulino hin. Das würde zwar mit dem von Samoilow angenommenen Flugkurs der U-2 übereinstimmen, wäre aber kein Beweis für einen Treffer. Powers landete am Beginn dieser Spur 6 km südlich von Kossulino mit dem Fallschirm.

Beachtet man jedoch den Umstand, dass die beiden Schießenden der 1. FRA und der 2. FRA der 57. FRBr (Scheludko und Woronow) in Auswertung des Ereignisses mit dem Rotbannerorden geehrt wurden, während der Schießende der 5. FRA der 37. FRBr (Nowikow) leer ausging, dann ist die Darstellung von Samoilow eher nicht zutreffend. Das kommt auch in der folgenden Darstellung von Generalleutnant G. S. Legassow zum Ausdruck.

Legassow, damals stellvertretender Leiter einer Untersuchungskommission der Militärs, lässt die Gefechtshandlungen der 5. FRA der 37. FRBr mit ihrem Kommandeur Nowikow vollkommen unberücksichtigt. Diese FRA ist auf seiner entsprechenden Skizze nicht dargestellt. Ihre Vernichtungszone reicht etwa bis zu dem Punkt, der 08:40 Uhr von der Su-9 bei dem erfolglosen Rammversuch durchflogen wurde. Die 5. FRA lag von dort in nordwestlicher Richtung. Die drei dargestellten FRA gehörten zum Bestand der 57. FRBr, die alle mit Fla-Raketenkomplexen des Typs SA-75 „Dwina" mit Raketen 1D/11D ausgerüstet waren. Nördlich lag die 1. FRA unter ihrem Kommandeur Scheludko. Südlich davon bei Kossulino war die 2. FRA entfaltet, die an diesem Tag vom Stabschef Woronow geführt wurde. Die 3. FRA mit ihrem Kommandeur Smirnow lag in westlicher Richtung. Nord-westlich davon befand sich die 4. FRA unter Kommandeur Schugajew, die später die MiG-19 abschoss.

Die Su-9, deren Treibstoff zur Neige ging, setzte 08:42 Uhr zur Landung auf dem Flugplatz Kolzowo bei Swerdlowsk an. Powers flog inzwischen einen Bogen und näherte sich Swerdlowsk aus südöstlicher Richtung. Angeblich vollzog er damit ein Ausweichmanöver im Ergebnis des Rammversuchs durch die Su-9. Dabei ist allerdings unklar, ob er die Su-9 überhaupt bemerkt haben konnte.

Vom Flugplatz Kolzowo starteten um 08:43 Uhr zwei MiG-19. Sie schwenkten 10 Minuten später auf den Kurs der U-2 ein, konnten sie jedoch mit ihrer eigenen maximalen Flughöhe von 15.000 m weder sehen noch erreichen. Die 2. FRA, die von ihrem Stabschef Woronow geführt wurde, startete um 08:53 Uhr nur eine Rakete, obwohl er drei befohlen hatte. Angeblich befanden sich die Startrampen des 2. und 3. Kanals in der Verbotszone. Die Verbotszone ist eine Sicherheitseinrichtung, die den Raketenstart in Richtung der Antennenanlage der Sende-/Empfangskabine verhindert. Bei normaler kreisförmiger Aufstellung der Startrampen kann sich allerdings immer nur eine Rampe in der Verbotszone befinden. Warum also zwei Kanäle nicht startbereit waren, ist unklar. Möglicherweise hatte der Leitoffizier nicht die Startkreise aller drei Raketenkanäle geschlossen.

Die Rakete detonierte im hinteren Bereich unter der U-2. Powers sagte vor Gericht aus, er habe hinter sich einen orangefarbenen Blitz gesehen und kurz danach sei sein Triebwerk ausgefallen. Weil es ihm nicht gelang, es wieder anzulassen, löste Powers die Gurte seines Schleudersitzes und stieg aus. Um 08:55 Uhr wurden die herabfallenden Trümmer der U-2 von einer Raketensalve (3 Raketen in Reihe) der 1. FRA (Scheludko) getroffen. Bei Legassow wird allerdings nur von einer „2. Rakete" gesprochen. Von beiden Schießenden erfolgten keine eindeutigen Meldungen über die Zielvernichtung an den übergeordneten Gefechtsstand. Daraufhin ging man auf dem Gefechtsstand der Brigade davon aus, dass das Ziel nicht vernichtet wurde, zumal jetzt in diesem Raum das Paar MiG-19 einflog und das Ziel Nr. 8630 – die Zielnummer der U-2 – von den FuTT weitergeführt wurde. Eine Zielverwechslung mit tragischen Folgen! Um 09:20 Uhr setzte das zum Flugplatz zurückkehrende Paar MiG-19 zur Landung an. Bis dahin war die Zielverwechslung noch immer nicht bemerkt worden. Obwohl einige Quellen behaupten, der Brigadegefechtsstand hätte Feuerverbot erteilt, eröffnete die 4. FRA der 57. FRBr um 09:23 Uhr mit drei Raketen das Feuer auf ein aus Nord-West ohne Kennung anfliegendes Ziel. Sie trafen die zweite MiG-19 und vernichtete sie. Ihr Pilot, Hauptmann Sawronow, fand dabei den

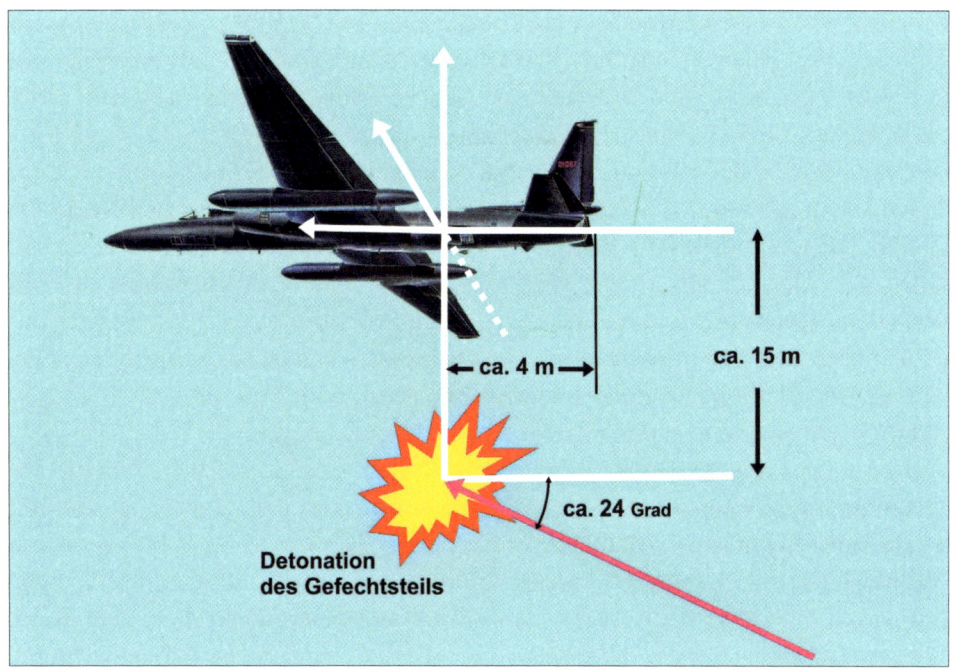

ca. 4 m

ca. 15 m

ca. 24 Grad

Detonation
des Gefechtsteils

15 Skizze zur Lage am Treffpunkt

Tod. Warum die Maschine von Sawronow nicht auf die Kennungsabfrage antwortete, ist nicht eindeutig geklärt. Die Vermutung liegt nahe, dass während des Fluges ein Wechsel des Kennungscodes erfolgte, den Sawronow nicht vorgenommen hat.

Der mit der Trümmerspur nicht übereinstimmende Kurs der U-2 wird mit einer Abdrift der vom Himmel fallenden Reste der U-2 infolge starker Höhenwinde erklärt.

Auf die Untersuchung weiterer Widersprüche muss an dieser Stelle verzichtet werden, weil ergänzende objektive Angaben zur Erhellung des Sachverhalts fehlen. Das zeigen allein die Zahlen zum Gesamt-Raketenverbrauch, der nach verschiedenen Quellen (u. a. Samsonow) bis zu sieben Raketen auf die U-2 und acht Raketen auf das Paar MiG-19 bzw. auf die Su-9 betragen haben soll.

Eine Untersuchungskommission stellte fest, dass die U-2 von einer Rakete getroffen wurde, die von hinten im Winkel von 24° an sie herangeflogen war und in einem Abstand von 15 m unter dem Heck detonierte.

Die Veröffentlichungen bei „VKO" beruhen auf Dokumenten der Untersuchungskommission des sowjetischen Militärs. Von zwei weiteren Kommissionen, der des KGB und der Staatsanwaltschaft, wurden die entsprechenden Akten zu den Vorgängen am 1. Mai 1960 bis heute noch nicht zur Veröffentlichung freigegeben.

Der Abschuss der U-2 hätte an den Offiziersschulen und Militärakademien der Luftverteidigung des Warschauer Vertrages für die heranwachsenden Kader ein

Lehrbeispiel sein müssen. Nahezu alles, was bei der Bekämpfung eines ungebetenen Eindringlings schiefgehen konnte, war schiefgegangen. Dafür gab es eine Reihe von Gründen, die sowohl objektiver als auch subjektiver Natur waren. Dennoch bleibt der Fakt, dass die U-2 erfolgreich bekämpft wurde.

Heute ist es leicht, mit den Erfahrungen, die bei späteren Gefechtseinsätzen der Fla-Raketen und bei den Schießen auf den Schießplätzen gesammelt wurden, die Fehler und unzureichenden Fähigkeiten der Beteiligten von 1960 zu kritisieren. Damals standen alle am Anfang einer neuen Entwicklung und mussten erst noch umfassend ausgebildet und trainiert werden. Zudem sahen sich die Fla-Raketensoldaten mitten im Frieden erstmals mit einer kriegsnahen Situation konfrontiert. Eine gewisse Unsicherheit und Nervosität war dabei verständlich.

Die Jagdfliegerkräfte hatten offensichtlich nur unzureichende Lehren aus den vorherigen erfolglosen Einsätzen gegen hochfliegende Ziele gezogen. Obwohl alle Versuche, die U-2 bei ihren Flügen in den 1950er-Jahren abzufangen, gescheitert waren, versuchte man bei den Einflügen zu Beginn des Jahres 1960 erneut, zuerst und hauptsächlich mit Jagdflugzeugen gegen die U-2 zu handeln. Offensichtlich spielte dabei auch die Tatsache eine Rolle, dass die höheren Kommandofunktionen in der Luftverteidigung von Fliegern besetzt waren, die unbedingt erfolgreich sein wollten.

Neben dem noch geringen Ausbildungsstand der Gefechtsbesatzungen der jungen Fla-Raketentruppen spielten die Selbstüberschätzung der Jagdflieger und die mangelnde Organisation des Zusammenwirkens beider Waffengattungen eine Rolle.

General Wotintsew schreibt in diesem Zusammenhang: „Obwohl wir alles getan hatten, was in unseren Kräften stand, holten andere sich die Lorbeeren. Das hatte schmerzliche Konsequenzen für die Fliegerkräfte der Sowjetunion."[9]

Für die damalige Führung der Sowjetunion war der unbefriedigende Verlauf der Handlungen gegen die U-2 von Powers Grund genug, für die von den Kommissionen erarbeiteten Berichte Stillschweigen anzuordnen. In den beteiligten militärischen Truppenteilen und Einheiten wurde jegliche Diskussion über den Abschuss verboten.

Nur zwei Monate nach dem Abschuss der U-2 bei Swerdlowsk drang am 1. Juli 1960 eine amerikanische RB-47 über der Barentssee in den Luftraum der UdSSR ein. Sie wurde von sowjetischen Jagdflugzeugen abgeschossen. Die USA erklärten lapidar, die RB-47 sei auf einem „elektromagnetischen Forschungsflug" gewesen.

Nach dem 1.Mai 1960 fanden keine weiteren Flüge mit der U-2 über sowjetischem Territorium mehr statt.

Die U-2 in der Kuba-Krise

Allerdings setzten die USA die Flüge mit den U-2 nach dem 1. Mai 1960 in anderen Regionen fort. Im Herbst 1962 hatte der U-2-Pilot, Major Rudolf Anderson, Fotos von Fla-Raketenstellungen auf Kuba aufgenommen. Nach weiteren Flügen entdeckten die Bildauswerter, dass die Sowjetunion in Begriff war, auf der Insel auch Mittelstreckenraketen zu stationieren. Es entwickelte sich die sog. Kubakrise, die die Welt so nahe wie nie zuvor an den Rand eines Atomkrieges brachte. Die USA intensivierten die Luftaufklärung über Kuba. Allein am 26. Oktober 1962 fanden 11 Flüge statt.

Am Abend dieses Tages erhielt Major Gershenow, Kommandeur einer Fla-Raketenabteilung bei Banes im Westen von Kuba, vom 180 km entfernten Gefechtsstand der Brigade die Weisung, die Bereitschaft zur Abwehr einer amerikanischen Invasion herzustellen.

Zum Ablauf der Ereignisse am 27. Oktober 1962 auf Kuba

Der Morgen hatte mit einem kräftigen tropischen Regenfall begonnen. Es lag etwas in der Luft. Gerschenow entschloss sich, die Stationen einzuschalten. Gegen 09:00 Uhr erhielt er von den Funktechnischen Truppen Angaben zu einem Ziel, das sich aus der Richtung von Guantanamo seiner Feuerstellung näherte. Es wurde unter der Nr. 33 geführt und flog in 22 km Höhe.

Als der Leitoffizier die Sender der Raketenleitstation auf Antenne schaltete, wurde das Ziel sofort aufgefasst. Auf die Kennungsabfrage antwortete es nicht. Die Funkorter übernahmen das Ziel zunächst mit Hand- danach mit automatischer Begleitung. Gerschenow fragte noch einmal beim vorgesetzten Gefechtsstand nach. Nach geraumer Zeit erhielt er den Befehl: „Ziel vernichten, mit drei, Reihe!" Leitoffizier Alexander Rjapenko handelte wie befohlen, drückte die Startknöpfe und meldete: „Erster Start, Rakete erfasst – zweiter Start, Rakete erfasst – dritter ..." Als die erste Rakete am Ziel detonierte, schätzte er ein: „Ziel getroffen, Ziel fliegt weiter." Danach meldete er: „Zweite Zerlegung, Ziel vernichtet, Seitenwinkel 332°, Entfernung 12 km." Aus dieser Meldung ist abzuleiten, dass die erste Rakete das Ziel kurz vor der nahen Grenze der Vernichtungszone getroffen hat. Die zweite Rakete traf das abstürzende Ziel bei einer Schrägentfernung von 12 km. Die Splitter zerrissen es in mehrere Teile, die im Raum Banes niedergingen. Kubanische Soldaten fanden dort das Cockpit mit den sterblichen Überresten des Piloten. Der hintere Teil der Maschine wurde am Ufer einer Meeresbucht unweit von Banes gefunden. Die Nachricht vom Abschuss und dem Tod von Major Anderson löste in Washington heftige Reaktionen aus. Maßgebliche Militärs, an der Spitze der Chef der US Air Force, General Curtis Le Mey, verlangten von Präsident Kennedy, Kuba sofort mit allen Mitteln anzugreifen.

Eigentlich hätte der Abschuss nach den geltenden sowjetischen Einsatzbestimmungen gar nicht erfolgen dürfen, da der Start von Fla-Raketen nur zur Abwehr eines Angriffs auf die Insel erlaubt war. Der gerade in Kuba eingetroffene neue Kommandierende, General Gribkow, war jedenfalls außer sich, konnte den Abschuss aber nicht ungeschehen machen. Dass die Kubakrise dann doch noch friedlich beigelegt wurde, war dem besonnenen und verantwortungsvollen Handeln von J. F. Kennedy und N. S. Chruschtschow zu verdanken. Sie zügelten die Hitzköpfe in ihren Reihen und einigten sich auf einen Kompromiss, mit dem beide Seiten leben konnten.

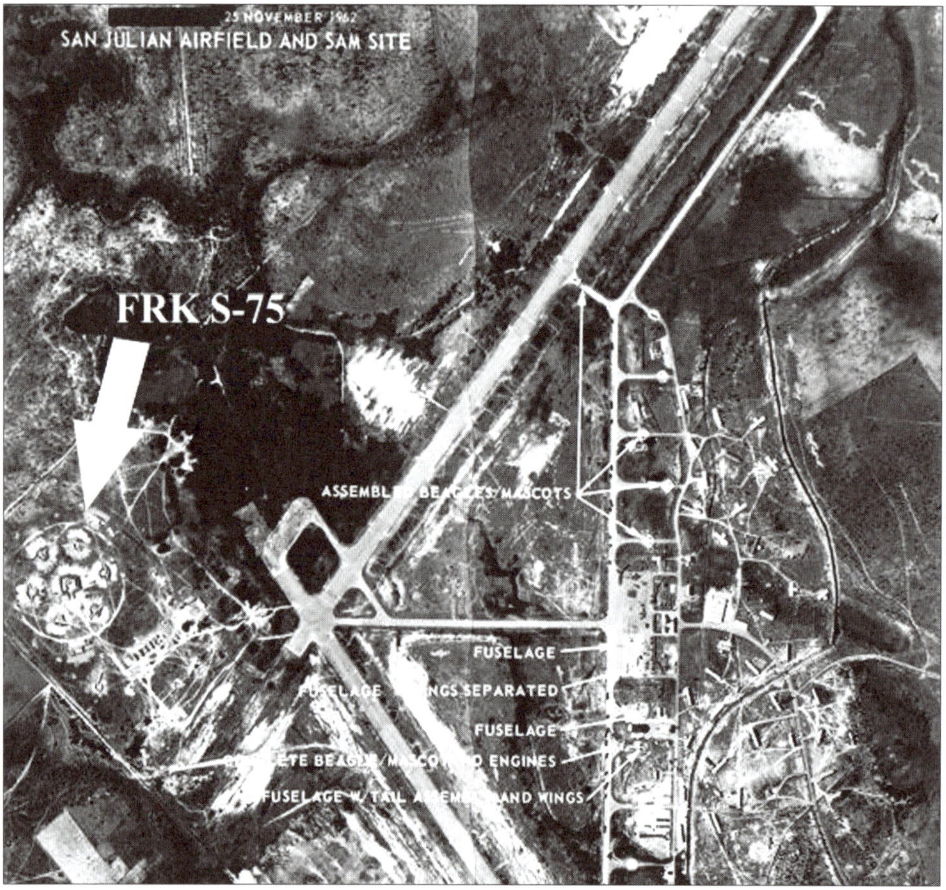

25 NOVEMBER 1962
SAN JULIAN AIRFIELD AND SAM SITE

FRK S-75

ASSEMBLED BEAGLES/MASCOTS

FUSELAGE
FUSELAGE WINGS SEPARATED
FUSELAGE
ETE BEAGLE/MASCOT AND ENGINES
FUSELAGE W TAIL ASSEMBLY AND WINGS

16 – Flugplatz San Julian mit Stellung eines Fla-Raketenkomplexes S-75 (Luftbild USA 1962)

SAN JULIAN AIRFIELD

CAMOUFLAGED TRUCKS

CAMOUFLAGED IL-28

CAMOUFLAGED FUSELAGE CRATE

17 – Montage Il-28 auf dem Flugplatz San Julian (Luftbild USA 1962)

Weitere U-2-Einsätze in den 1960er-Jahren

Bei den weiteren U-2-Einsätzen konzentrierten sich die USA im Zusammenwirken mit Taiwan auf die VR China. Es kam zu einer Reihe von Abschüssen bzw. Verlusten:

- 9. September 1962: eine U-2 wird durch Fla-Raketen bei Nunchang abgeschossen;
- 1. November 1963: Verlust einer U-2 nach Abschuss bei Jiangxi;
- 23. März 1964: eine U-2 stürzt über der Straße von Taiwan ab, Ursache unbekannt;
- 7. Juli 1964: Abschuss einer U-2 bei Fujian;
- 10. Januar 1965: Abschuss einer U-2 südwestlich Pekings;
- 22. Oktober 1965: eine weitere U-2 stürzt über der Straße von Taiwan ab;
- 16. März 1969: südlich der koreanischen Halbinsel bei Jeju-do stürzt eine U-2 ab.

Wahrscheinlich waren die Verluste über der Straße von Taiwan und im Umfeld der koreanischen Halbinsel auf Einwirkungen der chinesischen Luftverteidigung zurückzuführen.

Die U-2 noch immer im Einsatz

Unlängst wurde bekannt, dass immer noch Einsätze mit U-2-Aufklärern stattfinden. Radio „Stimme Russlands" meldete: Brigadegeneral Farzad Esmaili, Kommandeur der Luftverteidigungsbasis Khatam-al-Anbiya, sagte am 12. März 2013, ein US-Spionageflugzeug U-2 habe versucht, in den iranischen Luftraum einzudringen. „Die Maschine flog vom Südwesten Pakistans zum östlichen Teil des Golfes von Oman. Sie wurde von unseren Radaren und elektronischen Frühwarnsystemen jeden Moment beobachtet."

Das US-Flugzeug habe ein Warnsignal von den Iranern bekommen und seinen Kurs geändert. Der Iran orte regelmäßig US-Spionageflugzeuge, darunter auch AWACS-Maschinen, in der Nähe seines Luftraums und warne sie vor dem Eindringen. Im Dezember 2012 sei eine US-Drohne vom Typ ScanEagle über dem Iran abgefangen worden. Der Brigadegeneral kündigte an, der Iran wolle demnächst seine Luftverteidigung durch neuartige Radarsysteme ausbauen.[10]

Luftkorridore und Spionage

Die Luftkorridore zwischen Berlin und den westlichen Besatzungszonen waren schon im November 1945 vom Alliierten Kontrollrat gebilligt worden. Auf seiner 13. Sitzung einigten sich Marschall Shukow und Feldmarschall Montgomery rasch auf die generellen Punkte der vorgeschlagenen drei Luftwege für Interzonenflüge. Im Laufe der folgenden Monate wurden detaillierte Vorschriften für die Flüge in den Luftkorridoren erarbeitet und in Kraft gesetzt. Im Einzelnen wurde festgelegt:

1. Die Einrichtung einer „Kontrollzone BERLIN". Sie war definiert als der Luftraum zwischen dem Boden und 3000 m Höhe innerhalb eines Radius von 32 km vom Alliierten Kontrollzentrum in Schöneberg, in dem sich auch die Luftsicherheitszentrale Berlin (Berlin Air Safety Center (BASC)) befand. Mit einem Durchmesser von 64 km erfasste diese Zone quasi den gesamten Berliner Luftraum.
2. Die drei Luftkorridore hatten je eine Breite von 32 km und durften bis zu einer Höhe von 3000 m beflogen werden. Es gab den
   - Hamburg Air Corridor (Richtung Hamburg, Bremen und Nordeuropa), den
   - Bückeburg Air Corridor (Richtung Hannover, Köln, Bonn) und den
   - Frankfurt Air Corridor (Richtung Frankfurt a. M., Nürnberg, Stuttgart, München).

Während die Luftkorridore für die westlichen Alliierten unerlässlich waren, nahm die sowjetische Seite sie nur selten in Anspruch. Für sie und die DDR waren sie vor allem ein fortwährendes Ärgernis. Da die Kontrollzone BERLIN und die drei Luftkorridore mit 21.000 km² fast ein Fünftel der Gesamtfläche des DDR-Territoriums abdeckten, boten sie beste Möglichkeiten zur Spionage. Wenn man dabei noch beachtet, dass die Funk- und Funkmessaufklärung beidseitig noch einmal ca. 200 km über die Luftkorridore hinausreichte, dann wird die erfassbare Fläche noch wesentlich größer. Das blieb so bis zur Vereinigung der beiden deutschen Staaten 1990.

Nach dem Eingeständnis von John Bessette, einem ehemaligen Piloten der US Air Force, fanden bis 1990 allein in den Luftkorridoren von und nach Westberlin mehr als 25.000 Flüge statt, die ausschließlich der Spionage dienten.[11] So waren z. B. ständig sechs Spezialflugzeuge zur Fotoaufklärung eingesetzt. Hinzu kamen ab 1948 noch entsprechend ausgerüstete Radaraufklärer vom Typ B-17. Berlin war nach den Aussagen Bessettes „immer eine Reise wert". Während anfangs nur Fotoaufklärung betrieben wurde, kamen durch die Funk- und Funktechnische Aufklärung neue Möglichkeiten hinzu. Damit konnten nicht nur Objekte aufgeklärt werden, die direkt in den Korridoren lagen, sondern auch solche in den Streifen auf beiden Seiten (dafür eingesetzte Maschinen werden in der Anlage 1 „Aufklärungsflugzeuge der USA, Frankreichs, Großbritanniens und der BRD" beschrieben).

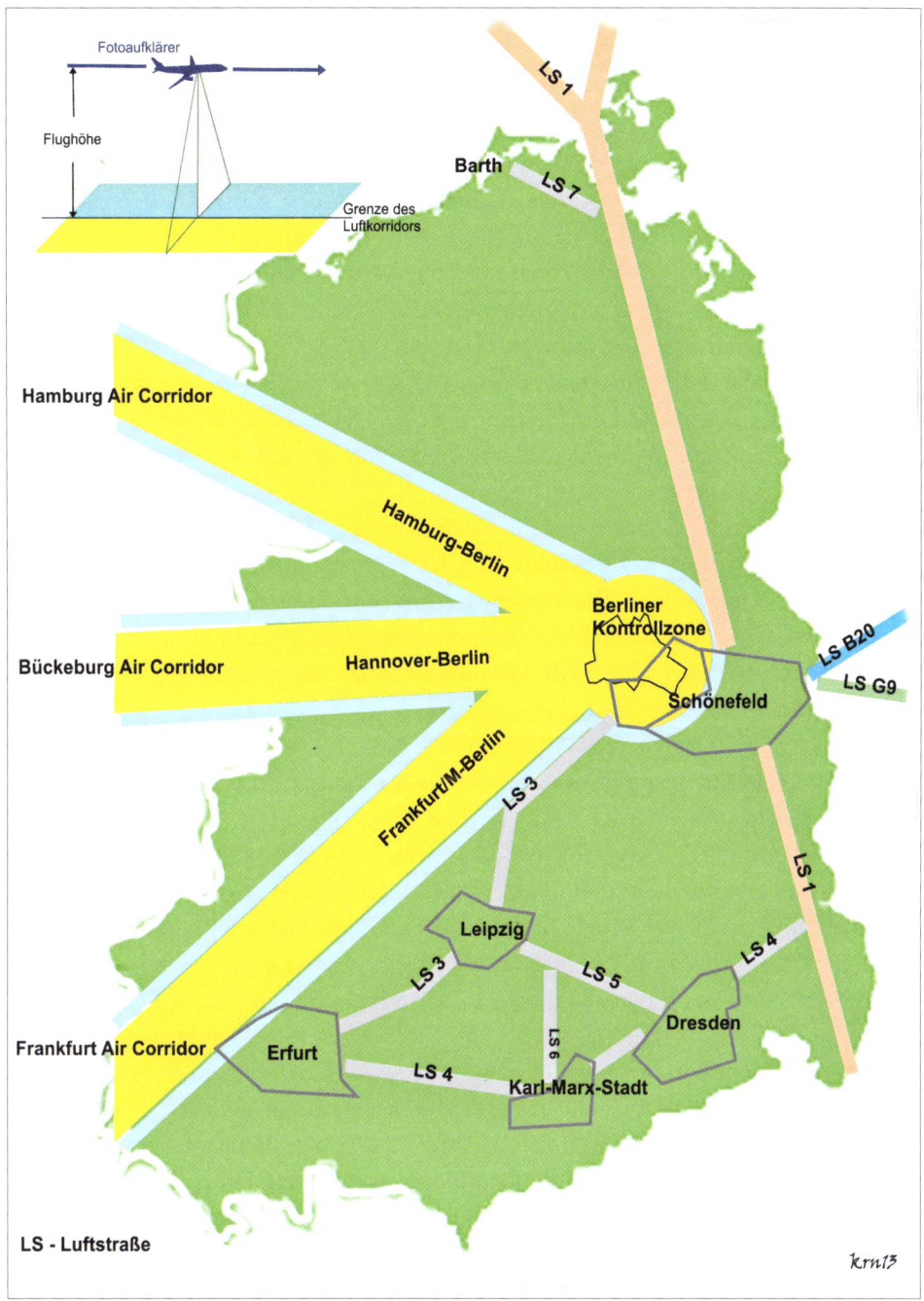

18 – Die Berliner Kontrollzone und die Luftkorridore

Allein im ersten Halbjahr 1967 fingen US-amerikanische Funkaufklärer der NSA bei 213 Einsätzen mit insgesamt 915 Flugstunden in den Luftkorridoren 5113 Funksprüche auf.[12] Die Möglichkeiten, sich gegen diese Art der Spionage zu schützen, waren damals wie heute begrenzt. Immer wieder musste man auf östlicher Seite tatenlos zusehen, wenn einzelne Flugzeuge von der Mitte eines Korridors in Richtung äußerer Rand flogen, um dort in starker Schräglage noch weiter in die DDR hineinzuschauen oder -zuhören. Die Fälle, in denen einzelne Maschinen die Grenzen der Korridore oder die vorgeschriebenen Flughöhen nicht beachteten, wurden von der Luftraumaufklärung der NVA und der GSSD grundsätzlich erfasst und dokumentiert. Im Grunde genommen hatten solche Verletzungen von Vorschriften den Charakter bewusster Luftprovokationen. Typisch in diesem Zusammenhang war eine Äußerung von Bundeskanzler Adenauer, der kurz nach dem 13. August 1961 öffentlich verkündete: „Ich halte es für sehr gut möglich, dass heute oder morgen in den Luftkorridoren etwas passiert."

Natürlich wäre die östliche Seite zu jeder Zeit in der Lage gewesen, gegen derartige Verstöße vorzugehen, verzichtete aber angesichts der damit verbundenen politischen Brisanz meistens darauf. Aktive Handlungen gegen Luftraumverletzungen dieser Art waren selten. Sie konnten ohnehin nur durch sowjetische Jagdflugzeuge erfolgen. Der Einsatz bodenständiger Mittel hätte das Risiko eines sofortigen Abschusses in sich getragen und wurde deshalb immer vermieden.

Ein gravierender Fall der Nutzung eines Luftkorridors für eine Provokation mit folgenschwerem Ausgang war der Flug einer RB-66 am 10. März 1963.

Abschuss einer RB-66C am 10. März 1964 bei Gardelegen

Wenige Wochen zuvor, am 28. Januar 1964, war eine amerikanische T-39 mit drei Mann Besatzung bei Vogelsberg in Thüringen durch zwei Jagdflugzeuge der Gruppe der Sowjetischen Streitkräfte in Deutschland (GSSD) abgeschossen worden. Das Flugzeug war gegen 14:00 Uhr auf dem US-Flugplatz Wiesbaden-Erbenheim gestartet (auf diesem Platz waren auch die U-2 stationiert). Angeblich sei die Maschine irgendwann vom Kurs abgekommen und drang gegen 14:50 Uhr in den Luftraum der DDR ein. Sie wurde ziemlich genau eine Stunde nach ihrem Start von zwei sowjetischen MiG-19 abgeschossen, nachdem sie deren Aufforderungen zur Landung nicht gefolgt war. Die gesamte Besatzung fand dabei den Tod.

Die RB-66C, die am 10. März 1964 gegen 14:45 Uhr OZ (16:45 MOZ) in den Luftraum der DDR eindrang, war während des Anflugs auf die Grenze längst von den Funktechnischen Truppen der GSSD und der NVA geortet worden. Ulrich Huse, der an diesem Tag Diensthabender Offizier der FuTK-290 in Altensalzwedel war, beschreibt den weiteren Verlauf so: „Die Gefechtsarbeit im DHS … verlief bis zum Einschalten der FuMS P-10M um 16:00 Uhr MOZ ohne nennenswerte Besonderheiten. Jetzt jedoch ortete der Funkorter 1 im Raum der Staatsgrenze zur BRD einen Flugkörper im Anflug auf den Luftkorridor K II nach Berlin-West. […] Über die Führungsleitung meldete ich dem Diensthabenden des Gefechtsstands (GS) der 3. LVD: ‚Ziel-Nr. …, Anflug K II.‘ Nach kurzer Zeit erfolgte die Umnummerierung des Flugkörpers in eine vierstellige Zielnummer. Damit war für mich als DO (Diensthabenden Offizier) eigentlich klar, es handelt sich um ein angemeldetes Flugzeug.“[13]

Im Weiteren versuchte die Besatzung der P-10M, die Flughöhe zu bestimmen. Obwohl die technischen Möglichkeiten der Station hinsichtlich der Genauigkeit bei der Bestimmung der Höhe begrenzt waren, zeigte sich, dass das Ziel deutlich höher flog als die im Luftkorridor vorgeschriebenen 3000 m. Ermittelt wurde eine Flughöhe von 6500 m.

„Sofort meldete ich dem Diensthabenden des GS der 3. LVD diese Besonderheit. […] Ohne die Entscheidung des GS abzuwarten, löste ich B-1 aus und änderte die Informationsperiode des Ziels auf 30 Sekunden. […] Der Luftraumverletzer setzte seinen Flug im K II in Richtung Berlin fort und änderte seine Höhe auf 8500 m. Zu meinen Aufgaben gehörte es auch, regelmäßig die

19 – Aufklärungsflugzeug RB-66

20 – Eine MiG-19 auf dem Abstellplatz

Kennungsabfrage durchzuführen. Im rückwärtigen Raum bemerkte ich Kennungs-signale, die nur von eigenen Jagdflugzeugen stammen konnten. […] Nach wenigen Minuten erreichten die Jagdflugzeuge den Luftraumverletzer. Wir meldeten das Signal ‚Zielvereinigung‘ […].

Ca. 17:00 Uhr MOZ bemerkten wir, dass die Jagdflugzeuge abdrehten. Da wir kein Zielsignal vom Luftraumverletzer mehr orteten, meldeten wir das Luftziel ab.“[14]

Darstellungen des Verlaufs am 10. März 1964 von sowjetischer Seite waren und sind bis heute nicht ohne Widersprüche. Dabei ging und geht es allerdings haupt-sächlich darum, wer von den beteiligten Flugzeugführern die entscheidenden Treffer erzielte. V. G. Iwannikow, damals Hauptmann und Pilot einer MiG-19 des 833. Jagd-fliegerregiments (JFR) der GSSD, das in Zerbst stationiert war und zum Fliegerkorps Wittenberg gehörte, beschreibt die Abläufe so:

„Im Steigflug erhielt ich die Information: ‚Realer Luftraumverletzer, Kurs 90°, in einer Flughöhe von 10.000 m. Fortsetzen des Aufstiegs und Vorbereitung der Ziel-vorrichtungen und der Waffen zum Schießen.‘ Auf 8000 m Höhe kam die Meldung: ‚Ziel links, 2000 m höher, bei ihm ein Abfänger.‘“[15]

Als Iwannikow um 16:53 Uhr die RB-66 sah, war sie etwa 500 bis 600 m entfernt, 300 bis 400 m dahinter erblickte er eine MiG-19. Es war die Maschine von Haupt-mann Sinojew, der einem Jagdfliegerregiment des Fliegerkorps Wittstock angehörte und der die RB-66 als Erster erreicht hatte. Da zwischen ihren Maschinen keine Funkverbindung bestand, konnten sie ihre Handlungen nicht abstimmen. Um eben-falls in die hintere Hemisphäre der RB-66 zu kommen, flog Iwannikow eine scharfe Rechtskurve. Er beobachtete, wie Sinowjew den Eindringling zur Landung auffor-derte und anschließend Warnschüsse abgab. In seinem Bericht schreibt er: „Nach den

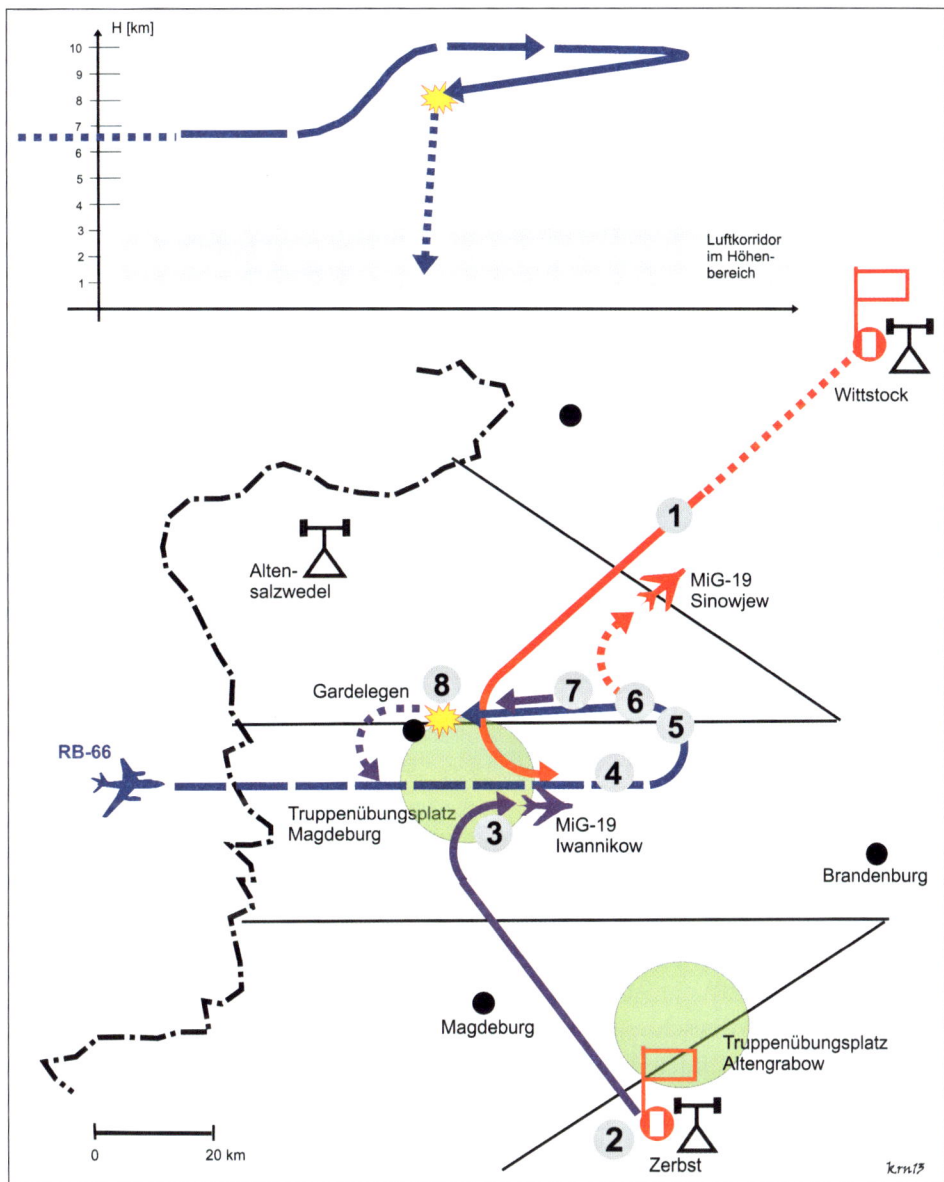

21 – Der Flug der RB-66 (oben Höhenprofil, unten Draufsicht)

Legende

1. Befehl zum DHS-Einsatz einer MiG-19 (Sinowjew) gegen den Luftraumverletzer.
2. Um 16:46 Uhr (MOZ) erhält eine weitere MiG-19 (Iwannikow) im Rahmen des DHS den Befehl zum „Alarmstart".
3. Um 16:53 Uhr (MOZ) sichtet Iwannikow den Luftraumverletzer und beobachtet die Handlungen der MiG-19 (Sinowjew).
4. Sinowjew gibt durch Warnschüsse der RB-66 das „Signal zur Landung".
5. Die Warnung wird nicht beachtet und Sinowjew eröffnet das Feuer, die RB-66 fliegt jedoch weiter.
6. 16:57 Uhr (MOZ): Sinowjew bricht die Handlungen auf die RB-66 ab und Iwannikow erhält den Befehl zum Angriff.
7. Iwannikow beginnt mit dem Angriff.
8. Absturz der RB-66.

Warnschüssen führte das Ziel eine Linkskurve aus, in deren Verlauf Sinowjew das Feuer zur Vernichtung aus den Bordkanonen eröffnete. Auswirkungen des Schießens von Hauptmann Sinowjew waren nicht zu beobachten."[16]

Unmittelbar nach dem Abdrehen Sinowjews erhielt Iwannikow gegen 16:57 Uhr den Befehl, das Ziel mit ungelenkten Raketen S-5 zu bekämpfen. Er konnte den Flug der Raketen verfolgen und beobachtete Rauch im Bereich des linken Triebwerks. Wegen der inzwischen zu geringen Entfernung stellte er das Feuer mit Raketen ein und schoss auf 80 bis 100 m Entfernung mit den Bordkanonen.

„Danach ist das Ziel mit einer zunehmenden Linksneigung in eine Abwärtsspirale übergegangen. Ich sah, wie sich drei Fallschirme öffneten. Nach der Meldung, dass ich die Fallschirmabsprünge und die Explosion des Luftraumverletzers beobachtet hatte, erhielt ich den Befehl zum Abflug aus der Zone des Luftkampfes und zur Landung auf dem Flugplatz ‚Altes Lager'."[17]

Wie stellte die USAF den Zwischenfall dar?

Eine Woche nach dem Abschuss brachte „Associated Press" eine mehrspaltige Meldung, in der auch Fotos von den Besatzungsmitgliedern und einer RB-66 veröffentlicht wurden. Danach bestand die Besatzung aus Captain David Holland, Captain Melvin Kessler und First Lieutenant Harold Welch.

Berichtet wurde, der ehemalige US-Botschafter in der Sowjetunion, L. E. Thompson, der ein gewisses Vertrauen bei den Sowjets genoss, habe versichert, die RB-66 hätte keinen Spionageauftrag gehabt. Zugleich wird in dem Beitrag ausgeführt, dass Maschinen dieses Typs hauptsächlich als Funk- und Funktechnische Aufklärer eingesetzt wurden. Außerdem seien die Navigatoren zu erfahren gewesen, um sich zu verirren.

Jahre danach veröffentlichte die Zeitschrift „Combat Aircraft" einen Artikel zu dem Zwischenfall: „Am besagten 10. März befand sich die Maschine 54-0541 auf einem Übungsflug, um einen neuen Navigator zu testen. Um den Navigator prüfen zu können, wurde der Funk-Kompass des Flugzeugs auf den VORTAG-Sender des Heimatflughafens (Toul-Rosiéres FR) eingestellt, damit er in einer gewissen Entfernung seine Wirkung verlor und der Navigator tatsächlich auf sich gestellt war. Vorgesehen war ein Hi-Lo-Hi-Profil mit Fotografieren von Objekten im Osnabrücker Raum in geringen Höhen. Obwohl es nach durchsichtiger Ausrede klingt, wies der Kompass aufgrund der Fehlfunktion einer Spule einen Defekt auf, der zu einer Fehlweisung von 90° führte."[18]

Dieser Fehler sei die Ursache dafür gewesen, dass die RB-66 in den Luftraum der DDR einflog, ohne dass es der Besatzung bewusst war. Wörtlich heißt es: „Das Wendemanöver hatte nichts mit einem Fluchtversuch zu tun, sondern entsprach zusammen mit dem Sinkflug dem vermeintlichen Anflug auf das erste ‚Ziel' (low-level photo run). Dass die Maschine beschossen worden war, bemerkte Captain Holland erst als sie manövrierunfähig gen Boden stürzte."[19]

Es ist nur schwer vorstellbar, dass die Besatzung der RB-66 die vorherigen Manöver der Jagdflieger zur Landungsaufforderung und die Warnschüsse nicht wahrgenommen hat.

Am Ende des Beitrags in der Zeitschrift „Combat Aircraft" wird behauptet, man habe später einen Testflug ausgeführt, um die Fehlfunktion der genannten Spule zu überprüfen. Dabei wäre das gleiche Profil aufgetreten wie das der 54-0541.

Die Besatzung wurde nach ihrer Rückkehr Einzelverhören unterzogen. Nach dem Testflug habe man sie dann rehabilitiert.

In seiner Dissertation, die in dem Buch „Hüter des Luftraumes?" veröffentlicht wurde, schreibt Julian-André Finke über den Vorfall:

„Obwohl ihr Weg ständig kontrolliert wurde, flog die RB-66 C gegen 14:45 Uhr in den Luftraum der DDR ein. Offenbar aufgrund von Verständigungsproblemen reagierte die Flugzeugbesatzung nicht auf ausgesandte Warnrufe der Radarstationen."[20]

Bei dieser Aussage beruft sich Finke auf eine Meldung der Frankfurter Allgemeinen Zeitung vom 13. März 1964. Von wem die Zeitung diese Information zur Begründung für den Flugverlauf der RB-66 erhalten hatte, ist nur unschwer zu erraten. Mit den Realitäten des Lebens in dieser Zeit des Kalten Krieges hat sie jedenfalls nichts zu tun. Die Besatzung einer Maschine dieser Art verfügte über mehrere Einrichtungen zur Bestimmung ihrer Position. Sie wusste demzufolge zu jeder Zeit sehr genau, wo sie sich befand.

Weiter ist bei Finke zu lesen: „Um 14:51 Uhr wurde die Militärmaschine durch sowjetische Jagdflugzeuge bei Altenhausen abgefangen, kam aber nach sowjetischen Darstellungen der Aufforderung zur Landung nicht nach. Daraufhin wurde die RB-66 C um 15:03 Uhr bei Helmstedt im Kreis Gardelegen abgeschossen, mitten in einem Manövergebiet der GSSD. Die drei an Bord befindlichen amerikanischen Offiziere konnten sich durch Schleudersitze retten und kamen zunächst in der sowjetischen Garnison Gardelegen in Arrest."[21]

Der Abschuss erfolgte tatsächlich im Luftraum über dem Truppen-Übungsplatz Magdeburg in der Colbitz-Letzlinger Heide. Dieser Platz, zwischen den Ortschaften Gardelegen, Haldensleben, Colbitz und Uchtspringe gelegen, hatte eine Nord-Süd-Ausdehnung von 28 km, die Ost-West-Breite betrug bis zu 12 km. Zum Zeitpunkt des Zwischenfalls fand dort ein groß angelegtes, zweiseitiges Manöver sowjetischer Truppen statt, bei dem auch der Oberkommandierende der Vereinten Streitkräfte des WV, Marschall Gretschko, anwesend war. Die Teilnehmer staunten über ein unerwartetes Bild. Während sie im Gelände den angenommenen Gegner einschlossen, fielen brennende Trümmer eines Flugzeugs vom Himmel. Zuerst dachten alle, es sei eine ungewöhnliche Imitation, um die Führung zu beeindrucken. Als sich aber drei Fallschirme öffneten, an denen die Piloten zu Boden gingen, verstand man den Ernst der Lage.[22]

Captain Holland und Captain Kessler wurden nach ihrer Landung von Teilnehmern der Truppenübung in Gewahrsam genommen. Der verletzte Oberleutnant Welch landete außerhalb des abgeschlossenen Geländes des TÜP, wurde von einem Zivilisten aufgefunden und anschließend von einem Arzt medizinisch versorgt. Alle drei mussten in der Garnison Gardelegen verbleiben, bis sie am 27. März 1964 bei Marienborn den amerikanischen Streitkräften in der BRD übergeben wurden.

Typisch für Finke ist auch, dass er im Zusammenhang mit dem Abschuss die Feststellung trifft, die RB-66 sei „… nach sowjetischer Darstellung der Aufforderung zur Landung nicht nachgekommen". Diese Formulierung muss den Eindruck erwecken, als ob daran zu zweifeln wäre, dass sie tatsächlich zur Landung aufgefordert wurde. Eine amerikanische Darstellung der Ereignisse erwähnt Finke nicht.

Wenn sich ein Historiker allein in diesen kurzen Auszügen gleich zweimal subjektiver Aussagen bedient, sind Zweifel an seiner Objektivität angebracht. Der Zeitzeuge Huse dagegen schildert den Vorgang vollkommen rational und verzichtet auf jegliche subjektive Wertung.

Den bisherigen Darlegungen sind jedoch noch einige wichtige Aspekte anzufügen:
- Die Aktionen vom 28. Januar und 10. März 1964 waren offensichtlich nicht zufällig. Sie standen sehr wahrscheinlich im Zusammenhang mit den Überflügen des ersten US-Aufklärungssatelliten „Ferret", der am 19. Januar 1964 gestartet worden war. Die Luftraumverletzer am 28. Januar und 10. März 1964 sollten die Luftverteidigungskräfte und die Funktechnischen Truppen auf dem Territorium der DDR provozieren und in das Regime „Volle Gefechtsbereitschaft" bringen, um sie besser aufklären zu können. Pentagon und CIA konnten es offenbar nicht erwarten, entsprechende Ergebnisse der Satellitenaufklärung zu erhalten.
- Noch vor Ablauf von 24 Stunden wurde der US-Botschaft in Moskau eine Protestnote der Regierung der UdSSR wegen Verletzung des Luftraums der DDR überreicht. Gewöhnlich ließ man sich in ähnlichen Fällen dafür mehr Zeit.
- Die USA forderten Beweise zum Aufklärungsauftrag der RB-66. Die lagen in Form von sichergestellten Fotoaufnahmen und Funk- und Funkmessaufzeichnungen in ausreichender Menge vor, wurden allerdings nur in ausgewählten Teilen übergeben. Die Entscheidung darüber traf Chruschtschow nach Beratung mit den Militärs. Man wollte dem potenziellen Gegner möglichst nicht auch noch zu neuen Erkenntnissen verhelfen.

Die US-Seite sah sich gezwungen, die Fakten anzuerkennen. Präsident Johnson zog einen Schlussstrich unter den Zwischenfall und erteilte die Order, 30 Meilen Distanz von der DDR-Grenze zu halten. Danach kam es an der Nahtlinie von NATO und Warschauer Vertrag für eine gewisse Zeit nicht mehr zu gefährlichen Annäherungen und Luftraumverletzungen durch US-Militärmaschinen.

7. April 1965 – Kampfjets am Himmel über Berlin

Mit Beginn der Bundestagssitzung am 7. April 1965 in Berlin donnerten pünktlich um 15:00 Uhr die ersten Flugzeuge der Sowjetarmee und der NVA über die Kongresshalle. Die nach Westberlin gereisten Abgeordneten des deutschen Bundestages, darunter auch einige, die wegen der Sperrung der Autobahn in den Vormittagsstunden gezwungen waren, Flugzeuge der Alliierten zu benutzen, um nach Berlin zu kommen, trauten kaum ihren Augen und Ohren.

Einzeln oder im Paar flogen Jagdflugzeuge der Typen MiG-19 und MiG-21 sowie Jagdbomber Su-7 in geringer Höhe auf die im Volksmund „Schwangere Auster" genannte Kongresshalle zu, zogen dann steil in die Höhe und verursachten mit ihren Triebwerken einen ohrenbetäubenden Lärm. Die Maschinen donnerten auch über die Flugplätze Tempelhof, Tegel und Gatow sowie über das Hauptquartier der Alliierten hinweg. Unter den Piloten waren auch fünf Flugzeugführer der NVA. Parallel

22 – Mögliche Flugrouten der Flugzeuge nach und über Berlin

zu den Maschinen vor Ort hielten sich weitere Jagdflugzeuge und Jagdbomber in größeren Höhen in Sperrflugzonen auf, wo sie auf ihren Einsatz warteten. Der Wechsel der Maschinen, die im Umkreis der Kongresshalle flogen, funktionierte tadellos. Es gab quasi keine ruhige Minute für die Abgeordneten. An der Sicherstellung der Flüge waren auch andere Einheiten der NVA beteiligt.[23] Die wichtigsten Flugplätze, von denen die Maschinen aus starteten, waren: Wittstock, Groß Dölln, Neuruppin, Marxwalde (heute: Neuhardenberg) und Parchim.

Ich erinnere mich daran, dass die Rundblickstation und die Besatzung des Gefechtsstands unserer Fla-Raketen-Abteilung, die zum FRR-13 gehörte, an jenem 7. April 1965 aktiv einbezogen waren. Da ich an diesem Tag Diensthabender Offizier auf dem Gefechtsstand war, hatte ich einen gewissen Einblick in die Handlungen der Fliegerkräfte. Unsere Planzeichner führten ununterbrochen die Luftlagekarte. Die große Anzahl von Flugzeugen und ihre Kurse machten den Umfang der Aktion und das Können der beteiligten Kräfte und Mittel deutlich.

Die Frage war: Warum geschah das alles?

Im Verlauf der Jahre zuvor hatte die westliche Seite immer wieder versucht, durch gezielte Maßnahmen den Status Westberlins so zu verändern, dass es als Bestandteil der BRD anerkannt wurde. So fanden u. a. in den Jahren von 1949 bis 1958 vier Tagungen des Bundestages in Westberlin statt (1955, 1956, 1957 und 1958), drei Mal war hier ein Bundespräsident gewählt worden, regelmäßig führten Ausschüsse und Fraktionen des Bundestages ihre Tagungen in Westberlin durch und seit 1959 durften die Berliner Abgeordneten bei der Wahl des Bundespräsidenten uneingeschränkt mitstimmen. All diese Verstöße gegen die Festlegungen des Potsdamer Abkommens konnten weder der Führung in Moskau noch der Regierung der DDR gefallen. Verschärfend kam hinzu, dass die westlichen Alliierten bereits 1959 einen streng geheimen Sonderstab „Live oak" (Lebenseiche) gebildet hatten, der den freien Zugang nach Westberlin gewährleisten sollte. Ab 1961 beteiligten sich auch Offiziere der Bundeswehr zur logistischen Unterstützung an den Übungen von „Live oak".

Die Geduld der Führung in Moskau und Berlin war, auch vor dem Hintergrund der Verschärfung des Bombenkrieges der USA gegen die Demokratische Republik Vietnam, offensichtlich erschöpft. Es schien also an der Zeit, der anderen Seite die Grenzen deutlich zu machen, die sie mitten in Europa nicht überschreiten durfte. Um keine Zweifel an der Entschlossenheit aufkommen zu lassen, fand in der Zeit vom 5. bis 11. April 1965 im Raum zwischen Berlin und der Elbe eine großangelegte Truppenübung der Land- und Luftstreitkräfte der GSSD und der NVA statt.

Die Aktionen gegen die Einbeziehung Westberlins als Bestandteil der Bundesrepublik erreichten ihr Ziel. Im Vier-Mächte-Abkommen vom September 1971 verpflichteten sich die Westmächte, keine Plenar-Sitzungen des Bundestages in Berlin mehr zuzulassen. Daran haben sie sich bis zur Vereinigung der beiden deutschen Staaten 1990 gehalten.

Irrflug oder Spionagemission? –
Eine sowjetische Tu-16 über Schleswig-Holstein

Bei der im August 1970 stattgefundenen Luftverteidigungsübung „Zenit 70" kam es zu einem Vorkommnis, das damals weitgehend unbeachtet blieb.[24]

„Zenit 70" war groß angelegt und bezog alle Waffengattungen und Dienste der Luftverteidigung des Warschauer Vertrags mit ein, so auch die der NVA. Nach der Abwehr des ersten Luftangriffs, an dem die 4. Fla-Raketenabteilung des FRR-18 aus ihrer ständigen Feuerstellung bei Retschow (Kreis Bad Doberan) teilnahm, erhielt der Kommandeur den Befehl, im vollen Bestand in eine weit entfernte feldmäßige Stellung zu verlegen. Die Demontage der Technik begann in den Nachmittagsstunden. Bei heftigem Regen war die Marschbereitschaft am frühen Abend hergestellt. Der Befehl zum Abmarsch kam nach Einbruch der Dunkelheit. Die neue Stellung lag auf der Halbinsel Zingst, immerhin ca. 90 km entfernt von Retschow und nur über Rostock erreichbar. Die Truppe bewies ihren guten Ausbildungsstand und erreichte bei Anbruch des folgenden Tages ohne Vorkommnisse den neuen Standort. Ungeachtet der Schwierigkeiten, die der andauernde Regen mit sich brachte, schaffte es die Abteilung, zur befohlenen Zeit wieder feuerbereit zu sein. Sie konnte deshalb auch an der Abwehr des zweiten Luftangriffs teilnehmen.

Dieser Angriff wurde von den strategischen Fliegerkräften der Baltischen Rotbannerflotte geflogen, wobei die Anflugrichtung natürlich seitenverkehrt war, also von Ost nach West. Eine Formation von ca. 40 Bombern des Typs Tu-16 flog nach Höhe und Tiefe gestaffelt auf einem Kurs nordwärts von Stralsund bis etwa 10 km westlich

23 – Bomber Tu-16 der Fernfliegerkräfte der Sowjetischen Flotte

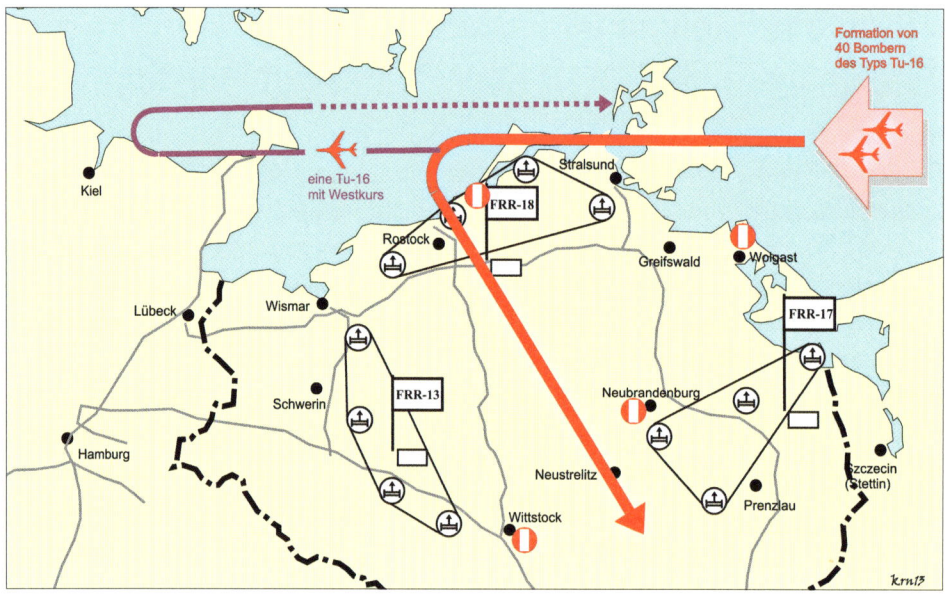

24 – Flugrouten der Tu-16 während Zenit 70

vom Darß an. Dort sollten sie nach Süden abdrehen und über Ribnitz-Damgarten, Neustrelitz und Eberswalde den Heimflug antreten. Die 4. Abteilung handelte bei der Abwehr der Bomber sehr erfolgreich und „bekämpfte" alle zugewiesenen Ziele. Alle atmeten auf, als vom Gefechtsstand des Regiments die Weisung kam, Bereitschaftsstufe 2 einzunehmen.

Kurz danach erreichte den Kommandeur die Meldung des Leiters seiner Rundblickstation P-12, dass einer der Bomber den Flug mit Kurs West fortsetzt. Nach einiger Verwirrung bestätigte sich: Es konnte sich nur um eine der Tu-16-Maschinen handeln. Nicht mehr lange und sie würde zwischen der Insel Fehmarn und dem Festland in den Luftraum der Bundesrepublik eindringen. Die Bedienung der P-12 erhielt die Weisung, möglichst jede Einzelheit zum Flugverlauf festzuhalten. Das war einfacher gesagt als getan. Mittel zur fotografischen Dokumentation der Luftlage gab es damals noch nicht. Die Minuten vergingen und damit wuchs die Befürchtung, dass die andere Seite den Eindringling bemerkt und entsprechend reagiert. Doch weit gefehlt. Außer dem sowjetischen Bomber war weit und breit kein anderes Flugzeug in dem betroffenen Luftraum unterwegs. Die Tu-16 hatte inzwischen die Staatsgrenze zur BRD überflogen und befand sich bereits über Schleswig-Holstein. Wie weit sie dabei in die Kieler Bucht vorgedrungen war, bevor die Funkorter der P-12 eine rapide Änderung der Geschwindigkeit und des Kurses meldeten, ließ sich nur schwer bestimmen. Nach den Werten der Rundblickstation hatte die Maschine endlich eine Kurve von 180 Grad vollzogen und flog mit hoher Geschwindigkeit den gleichen Kurs wieder zurück, auf dem sie angeflogen war. Erst eine Viertelstunde später tauchten erste Flugzeuge der NATO im betroffenen Luftraum auf.

Während des gesamten Vorgangs wurden über die Führungsverbindungen Informationen über die aktuelle Lage ausgetauscht, ohne dass dabei eine Erklärung für den Flugverlauf der Tu-16 gegeben wurde. Es zeigte sich, dass bei den übergeordneten Gefechtsständen und Führungsstellen niemand etwas über den Kurs der Maschine sagen konnte oder wollte.

Wie ich erst viele Jahre später erfuhr, war genau in der Zeit der Luftraumverletzung durch die Tu-16 das zentrale Flugmeldenetz vollständig ausgefallen. Deshalb konnten auch die Gefechtsstände die Luftlage nicht beurteilen. Aus heutiger Sicht halte ich es für möglich, dass zwischen dem Ausfall des Netzes und dem Flugverlauf der Tu-16 ein Zusammenhang bestand. Es ist nicht ausgeschlossen, dass die sowjetische Seite mit diesem Flug den Bereitschaftsgrad des potenziellen Gegners testen wollte und deshalb das zentrale Flugmeldenetz für diese Zeit „ausfallen" ließ.

Zwischenfall über dem Sinai

Am 21. Februar 1973 ereignete sich im Luftraum über der Halbinsel Sinai ein ungewöhnlicher Zwischenfall.

Israelische Kampfflugzeuge beschossen eine Passagiermaschine der Libyen Airlines, die danach notlanden musste. Beim Aufschlag explodierte das Flugzeug. Von 113 Insassen überlebten nur fünf.

Zum Hergang: Der Mittelstreckenjet vom Typ Boeing 727 war als „Libyan Airlines Flug114" in Tripolis zum Linienflug über Bengasi nach Kairo gestartet. Infolge schlechter Sichtbedingungen durch einen Sandsturm und wegen eines mangelhaft funktionierenden Kompasses sowie technischer Probleme der Flugüberwachung in Kairo, kam die Maschine vom normalen Kurs ab. Als der Pilot das Funkfeuer El Faiyum verfehlte, vermutete er um 13:44 Uhr einen Navigationsfehler, den er aber nicht meldete. 13:52 Uhr erhielt er die Erlaubnis zum Sinkflug auf den Flughafen von Kairo. Durch starken Rückenwind driftete die Maschine zwei Minuten später an Kairo vorbei und flog in den Luftraum der von den Israelis besetzten Halbinsel Sinai ein. Dort besserten sich die Sichtbedingungen und die Besatzung der Boeing 727, die auf einer Höhe von ca. 6000 m flog, bemerkte wohl ihren Fehler.

Die israelische Luftraumüberwachung hatte das Eindringen des libyschen Flugzeugs zeitnah festgestellt und zwei F-4 Phantom II an die Boeing herangeleitet. Die Piloten der Abfangjäger forderten den Jetpiloten durch Handzeichen, entsprechende

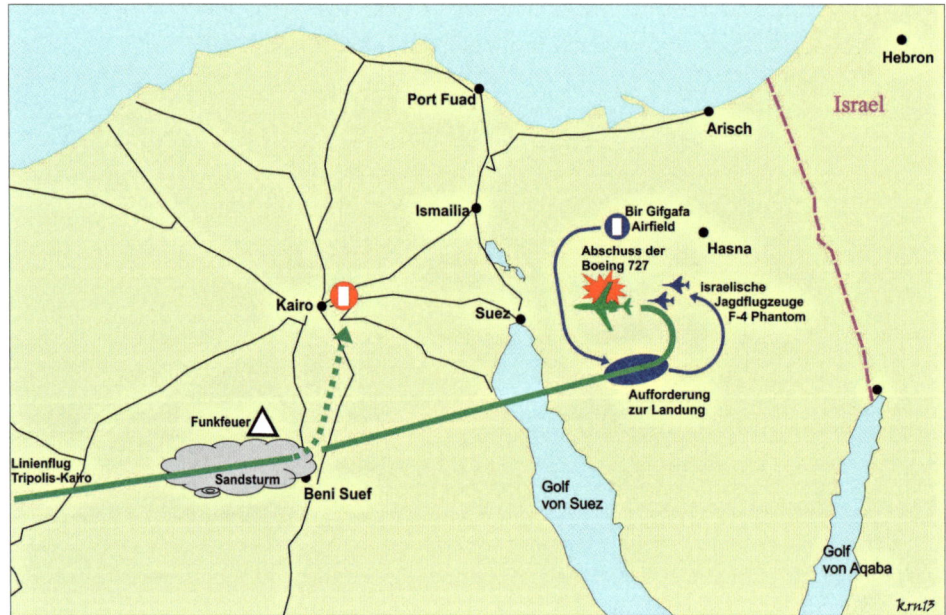

25 – Übersicht über den Flug der Boeing 727 bis zum Abschuss

Flügelbewegungen und durch Warnschüsse auf, ihnen zur Landung auf einer israelischen Luftwaffenbasis zu folgen. Die Crew der Boeing folgte jedoch dieser Aufforderung nicht und änderte stattdessen ihren Kurs in Richtung Westen. Die israelischen Piloten werteten dieses Verhalten als einen Fluchtversuch, erstatteten Meldung und erhielten um 14:04 Uhr den Befehl, Schüsse auf die Flügel des Jets abzugeben, um ihn zur Notlandung zu zwingen. Sie trafen die rechte Tragfläche und das obere Triebwerk im Heck der Maschine. Das Flugzeug geriet in Brand, was die Besatzung zwang, eine Notlandung in der Wüste zu versuchen. Beim Aufschlag in den Sanddünen kam es zu einer Explosion, die das Flugzeug fast völlig zerstörte. 108 von 113 Personen an Bord fanden dabei den Tod.

Zu den Hintergründen des Abschusses

Nach dem sogenannten Sechstagekrieg 1967 hatte Israel die Sinai-Halbinsel besetzt und befand sich de facto noch im Kriegszustand mit Ägypten. Jede Luftraumverletzung wurde von den Israelis als eine Bedrohung aufgefasst.

Während der überlebende Kopilot der Boeing 727 bestätigte, dass man sie zur Landung aufgefordert hatte, behauptete die libysche Regierung, die israelischen Piloten hätten die Maschine ohne Vorwarnung abgeschossen.

Nach Abschluss der Untersuchungen zum Verlauf des Abschusses bezeichnete der damalige Verteidigungsminister Israels, Mosche Dajan, den Vorfall als „Irrtum". Israel zahlte den Familien der Opfer Entschädigungen.

Wie sich immer wieder erweist, sind zivile Flugzeuge, wenn sie in das Spannungsfeld von militärischen Konfrontationen oder Kriegen geraten, hochgradig gefährdet und können leicht zu Opfern einer aufgeheizten Situation werden.

Absturz am Baikal

Einige Vorbemerkungen zum Thema Flugzeugentführungen

Eine Flugzeugentführung ist ein Verbrechen. Ausführende sind in der Regel Terroristen, Erpresser, Psychopathen, politische Flüchtlinge oder Menschen, die glauben, vor einer ausweglosen Situation zu stehen und deshalb in Panik geraten sind.

In den Jahren von 1967 bis 1976 gab es weltweit 385 Flugzeugentführungen. Das war die höchste Zahl innerhalb von 10 Jahren. 1977 bis 1986 waren es 300 Vorfälle, zwischen 1987 und 1996 immer noch 212. Dank zunehmender Sicherheitsmaßnahmen, sowohl am Boden als auch in den Flugzeugen, war die Zahl der Flugzeugentführungen rückläufig, wahrscheinlich auch, weil sich in den meisten Fällen die Hoffnungen der Entführer nicht erfüllten. Wie schnell sich diese Situation wieder ändern kann, musste die Welt am 11. September 2001 erfahren.

Besonders tragisch wurde es allerdings immer dann, wenn eine Flugzeugentführung durch menschliches Fehlverhalten von Beteiligten mit einer Katastrophe endete. Ein solcher Fall ereignete sich 1973 am Himmel über der Sowjetunion.

26 – Die Flugstrecke der Tu-104 am 18. Mai 1973

Verhängnisvoller Entschluss im falschen Moment

Eine Tu-104 der Aeroflot startete am 18. Mai 1973 als SU-19 in Moskau zu einem Inlandflug nach Tschita, einer Stadt im Fernen Osten der UdSSR.

Die sowjetische Tu-104 war zu dieser Zeit schon beinahe eine Legende. Sie war nach der britischen de Havilland DH 106 Comet 4 das zweite einsatzfähige Verkehrsflugzeug mit Strahltriebwerken. Als sie 1956 im Rahmen eines Regierungsbesuchs in London landete, brachte sie die westlichen Experten ins Grübeln. Die Comet hatte gerade wegen gravierender Mängel Startverbot und die Dash-80 von Boeing gab es nur als Prototyp. Auch der danach fertiggestellte Avro Canada C102 Jetliner und die französische Caravelle konnten mit der Tu-104 nicht mithalten. Sie war wesentlich größer, aerodynamisch moderner und schneller als ihre Konkurrenten. Die Maschine wurde laufend weiterentwickelt und modifiziert. Aus ihr ging 1960 die Tu-124 hervor, die etwas kleiner und dafür schneller war.[25]

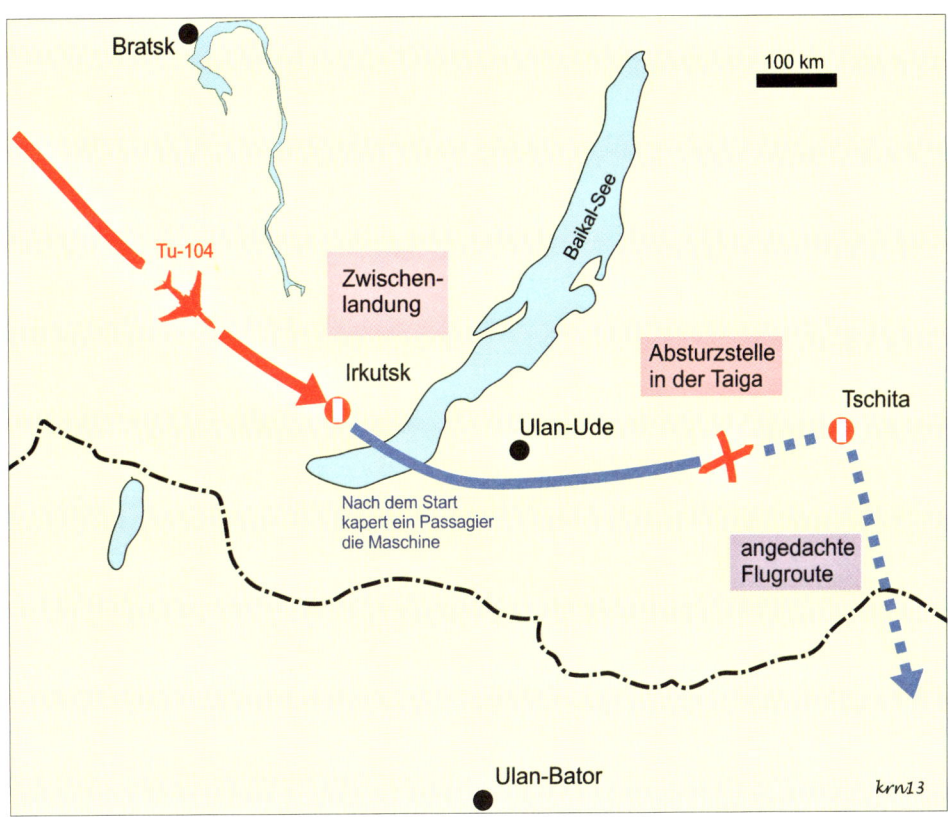

27 – Der Raum des Absturzes der Tu-104 am Baikal-See

28 – Die Tu-104

Aber zurück zum Flug SU-19 am 18. Mai 1973. Nach einer technischen Zwischenlandung im sibirischen Irkutsk forderte einer der Passagiere, nach China geflogen zu
werden. Andernfalls würde er die Maschine mit allen Insassen in die Luft sprengen.
Dabei gab er zu erkennen, dass er Sprengstoff am Körper trug. Es gelang jedoch, ihn
davon zu überzeugen, dass man zunächst in Tschita landen müsse, um für einen
Weiterflug aufzutanken und die Passagiere von Bord gehen zu lassen. Danach würde
man wieder starten, ihn über die nahe chinesische Grenze fliegen und auf einem
Flughafen seiner Wahl landen, um ihn aussteigen zu lassen.

Etwa eine halbe Stunde vor der Landung in Tschita trat eine unvorhersehbare Situation ein. Ein als Passagier getarnter Sicherheitsbeamter – heute als Sky-Marshall
bezeichnet – eröffnete mit seiner Dienstwaffe das Feuer auf den Entführer. Dieser
wurde im Rücken getroffen und brach sofort zusammen. Im Fallen gelang es ihm
aber noch, die Sprengladung an seinem Körper zu zünden. Durch die Explosion
wurden wichtige Leitungen und Einrichtungen des Flugzeugs zerstört, wodurch
die Piloten die Kontrolle über den Flug verloren. Die Maschine stürzte ca. 150 km
vom Flughafen Tschita in einem Waldgebiet am Baikal-See ab. Dabei fanden alle
82 Insassen den Tod.

Zur Geiselbefreiung von Entebbe

Die Operation „Jonathan", die ursprünglich die Bezeichnung „Thunderbolt" trug, zählt zu den bemerkenswertesten Aktionen gegen Flugzeugentführer überhaupt. Sie wurde von einem israelischen Spezialkommando in der Nacht vom 3. zum 4. Juli 1976 auf dem Flugplatz von Entebbe in der Nähe der ugandischen Hauptstadt Kampala durchgeführt. Vorausgegangen war die Entführung eines Airbus A 300, der am 27. Juni 1976 als Air France Flug 139 in Tel Aviv gestartet war und über Athen nach Paris führen sollte. An Bord befanden sich 248 Passagiere. Entführer waren acht Terroristen der Volksfront zur Befreiung Palästinas sowie zwei deutsche Linksextremisten der „Revolutionären Zellen". Sie hatten die Maschine kurz nach dem Start in Athen in ihre Gewalt gebracht und leiteten sie zum Flughafen Bengasi in Libyen um,

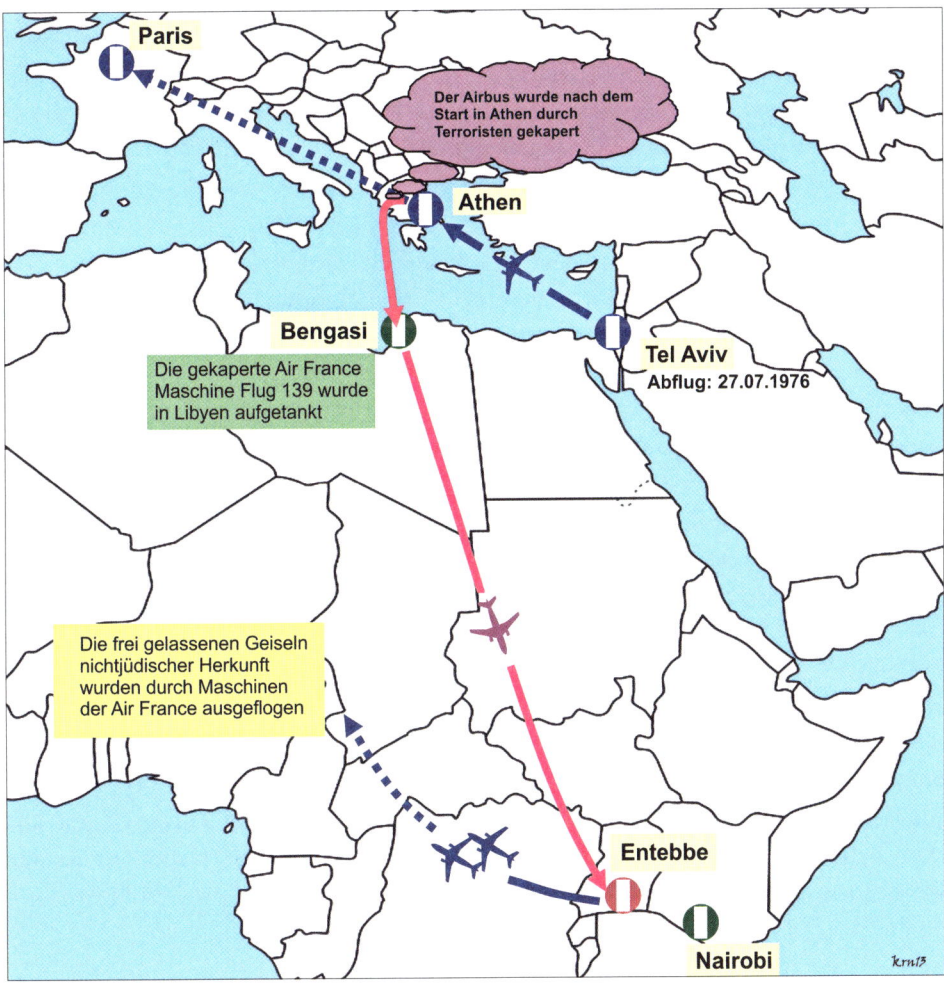

29 – Flugroute der entführten Maschine

wo sie aufgetankt wurde. Danach flogen sie weiter in Richtung Uganda und landeten am 28. Juni 1976 in Entebbe.

Die Terroristen forderten die Freilassung von 53 Inhaftierten aus Haftanstalten in Israel, Frankreich, der BRD und der Schweiz. Außerdem verlangten sie 5 Mio. US-Dollar Lösegeld. Nach der Landung wurden die Passagiere in die alte Abfertigungshalle des Terminals gebracht und dort als Geiseln festgehalten. Die Entführer kündigten an, dass sie die Crew und die nichtjüdischen Passagiere freilassen und ihnen den Flug nach Paris gestatten würden. Der Kapitän des Airbus, Michel Bacos, erklärte den Entführern daraufhin, dass grundsätzlich alle Passagiere seiner Verantwortung unterliegen und er deshalb die jüdischen Insassen keinesfalls zurücklassen würde. Die gesamte Crew schloss sich seiner Meinung an. Die Terroristen ignorierten jedoch die Ankündigung des Flugkapitäns und die Haltung seiner Besatzung. Sie separierten die jüdischen Passagiere von den anderen. 80 Israelis und über 20 Franzosen jüdischen Glaubens mussten in der Halle verbleiben, die anderen Geiseln wurden freigelassen. Sie durften mit Air France-Maschinen, die inzwischen nach Entebbe geschickt worden waren, nach Paris gebracht werden, wo israelische Spezialisten sie befragten. Zugleich sammelte der Geheimdienst Mossad vor Ort alle relevanten Informationen und entwarf entsprechende Pläne zur Befreiung der Geiseln. In Israel wurden in größter Eile Elitesoldaten der Spezialeinheit Sajeret Matkal des Heeresnachrichtendienstes Aman auf den Einsatz in Entebbe vorbereitet. Nach den Plänen einer israelischen Firma, die die alte Abfertigungshalle errichtet hatte, wurden wesentliche Teile des Gebäudes nachgebaut. Darin übte das Eingreifkommando mögliche Abläufe für die Befreiung der Geiseln. Die von Brigadegeneral Shomron befehligte Einsatztruppe, insgesamt etwa 100 Mann, setzte sich zusammen aus einer Stabseinheit mit entsprechenden Kommunikations- und Unterstützungskräften, dem Eingreifkommando von 29 Mann unter der Leitung von Oberstleutnant Jonathan Netanjahu sowie der Verstärkungseinheit zur Sicherung des Umfelds und zur Niederhaltung der ugandischen Kräfte. Sie hatte zugleich die Übernahme der Geiseln zu sichern und die Betankung der Flugzeuge zu gewährleisten.

Zum Ablauf der Aktion

Zum Transport wurden vier C-130 Herkules-Transportflugzeuge eingesetzt, die das israelische Heer erst kurz vorher von den USA erhalten hatte. Sie legten die 3200 km bis Entebbe zumeist im Tiefflug zurück, wobei sie von Kampfflugzeugen F-4 Phantom begleitet wurden. Es folgten zwei Boeing 707 – eine als Einsatzzentrale, die andere als Sanitätsflugzeug – die nach Nairobi flogen. Die Herkules-Transportflugzeuge landeten am 3. Juli 1976 kurz nach 23:00 Uhr in Entebbe, ohne von den Terroristen bemerkt zu werden. Aus einem der Flugzeuge wurden ein schwarzer Mercedes-Pkw und einige Landrover entladen, um so die Ankunft eines hohen ugandischen Offiziellen vorzutäuschen. Das israelische Kommando fuhr unter dieser Tarnung direkt

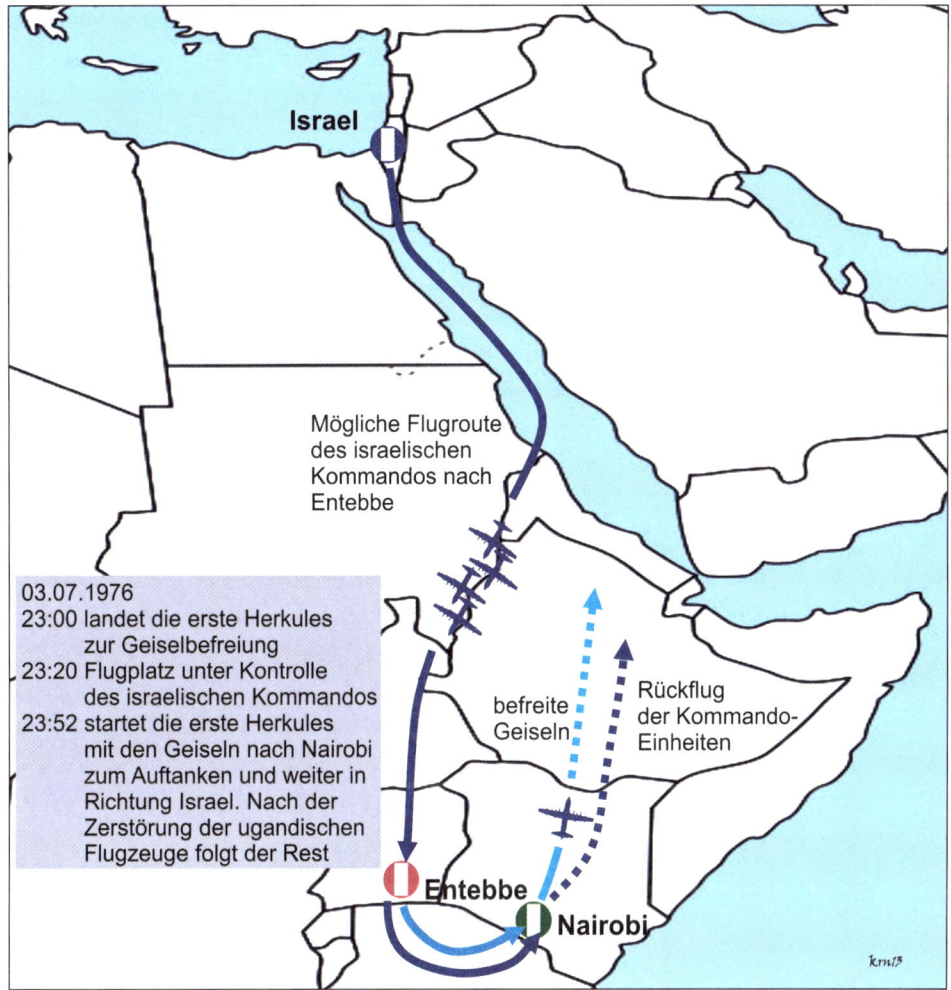

Israel

Mögliche Flugroute
des israelischen
Kommandos nach
Entebbe

03.07.1976
23:00 landet die erste Herkules
zur Geiselbefreiung
23:20 Flugplatz unter Kontrolle
des israelischen Kommandos
23:52 startet die erste Herkules
mit den Geiseln nach Nairobi
zum Auftanken und weiter in
Richtung Israel. Nach der
Zerstörung der ugandischen
Flugzeuge folgt der Rest

befreite
Geiseln

Rückflug
der Kommando-
Einheiten

Entebbe

Nairobi

30 – Flugroute der Kommandoeinheit zur Befreiung der Geißeln

bis vor das Hauptgebäude. Auf dem Weg dahin wurden zwei Wachsoldaten, die die Kolonne anhalten wollten, erschossen. Aus den anderen Herkules-Transportflugzeugen wurden leichte, gepanzerte Fahrzeuge entladen. Mit ihnen sollte der Rückzug gesichert werden. Außerdem war das Auftanken der israelischen Flugzeuge für den Heimflug zu gewährleisten.

Das Eingreifkommando drang unmittelbar nach seinem Eintreffen in das Gebäude ein, in dem sich die Geiseln befanden. Bei dem einsetzenden Schusswechsel starben drei von ihnen. Sie waren ihren Befreiern spontan entgegengelaufen. In den folgenden Minuten wurden sieben Geiselnehmer getötet. Sofort wurde mit der Rückführung der Geiseln begonnen, indem man sie zu den Flugzeugen brachte. Die ugandischen Truppen auf dem Platz eröffneten das Feuer auf die Israelis. Jonathan Netanjahu wurde dabei tödlich getroffen. Deshalb erhielt die Operation später seinen Namen. Danach kam es zu teilweise intensiven Feuergefechten. Die gesamte Aktion dauerte ungefähr 90 Minuten. Nach unterschiedlichen Angaben wurden dabei 25 bis 45 ugandische Soldaten getötet. Die Israelis mussten sich den Weg zu den wartenden Maschinen regelrecht freikämpfen. Nachdem sowohl die Geiseln als auch die Soldaten an Bord waren, starteten die Herkules-Transportflugzeuge. Sie flogen zunächst nach Nairobi. Dort stiegen die befreiten Geiseln in die bereitstehenden Boeing 707 um und landeten Stunden später in Israel. Der spektakuläre Handstreich Israels löste im UNO-Sicherheitsrat kontroverse Debatten aus, denn die israelische Aktion war nicht von dem in der UN-Charta festgelegten Recht zur Selbstverteidigung im Kriegsfall gedeckt.

Die Fahnenflucht des Viktor Belenko

Am 6. September 1976 um 12:50 Uhr startet auf dem Flugplatz des 513. Jagdflie-gerregiments der sowjetischen Fliegerkräfte, das zum fernöstlichen 23. Luftverteidigungskorps gehört, eine MiG-25. Die Maschine trägt die Bordnummer 31. Pilot des modernen Jagdflugzeugs ist der 29-jährige Oberleutnant Viktor Iwanowitsch Belenko. Nach 10 Minuten Flugzeit bricht die Funkverbindung der Jägerleitstelle mit dem Flugzeug ab. Auf dem Platz herrscht helle Aufregung. Man vermutet einen Unfall. Hubschrauber starten, um nach der Maschine zu suchen, finden aber nichts.

Einige Stunden später erfährt die ganze Welt, dass auf dem Flugplatz Hakodate der japanischen Hauptinsel Hokkaido ein sowjetisches Militärflugzeug gelandet ist. Bei der Landung wäre es beinahe zu einem Zusammenstoß mit einer Boeing 727 gekommen. Immer mehr Journalisten ermitteln auf dem Platz. Der Name Belenko wird bekannt.

In einer ersten offiziellen Erklärung der sowjetischen Seite wird behauptet, der Pilot habe die Orientierung verloren und musste deshalb in Japan notlanden. Man verlangt die sofortige Rückgabe des Flugzeugs und des Piloten. Diese Erklärung stammt von der sowjetischen Militärabwehr bzw. der Spezialpropaganda. Kurze Zeit später wird bekannt, dass Belenko nicht zurück in seine Heimat will. Er habe um Asyl in den USA ersucht. Daraufhin tritt seine Mutter im sowjetischen Fernsehen auf. Sie hatte ihren Sohn seit 13 Jahren nicht gesehen, was die sowjetische Seite nicht davon abhielt, mit ihr einen rührseligen Auftritt zu inszenieren.

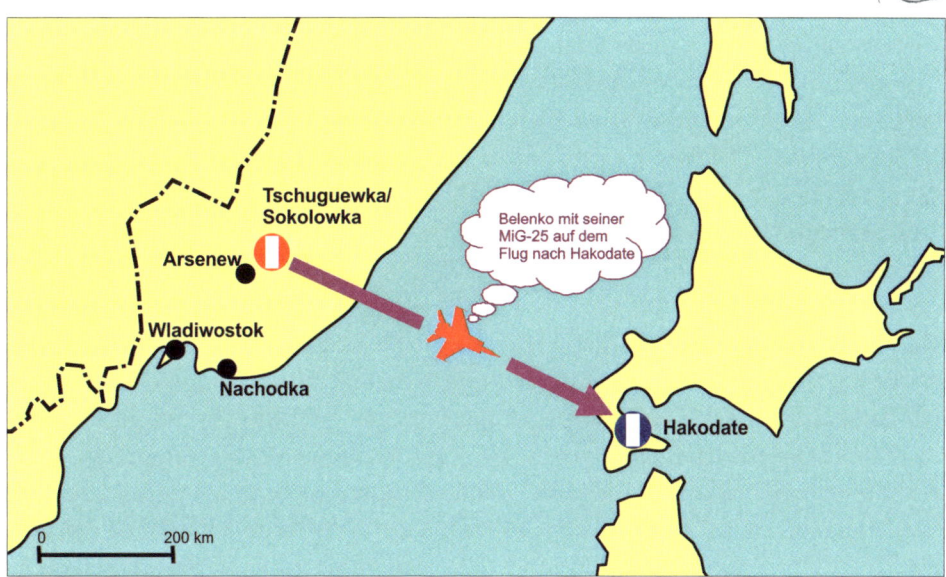

31 – Flugroute Belenkos mit seiner MiG-25

32 – Eine MiG-25 im Landeanflug

1976 gab es bei den sowjetischen Luftstreitkräften etwa 400 Maschinen vom Typ MiG-25. Das Flugzeug erreichte eine Höchstgeschwindigkeit von nahezu Mach 3 und eine maximale Flughöhe im Bereich der Stratosphäre (bis ca. 29.000 m). Die Entwicklung hatte schon 1962 begonnen. In dieser Zeit waren Spionageflüge von US-Aufklärungsflugzeugen über der Sowjetunion üblich, ohne dass man, außer mit Flugabwehrraketen, etwas dagegen unternehmen konnte. Höhenaufklärer vom Typ U-2 nahmen hunderte Flüge z. B. entlang der sowjetisch-chinesischen Grenze vor, um die Einheiten der Luftverteidigung aufzuklären. Mit den Standardjagdflugzeugen war es nicht möglich, die U-2 zu bekämpfen. Das hatte sich bei dem U-2-Flug von Powers am 1. Mai 1960 deutlich gezeigt. Die Entwicklung eines speziellen Flugzeugs für Handlungen in großen Höhen stand deshalb Anfang der 1960er-Jahre auf der Tagesordnung. Im Konstruktionsbüro Mikojan-Gurewitsch entstand die E-155. Sie stellte mit 2400 km/h einen neuen Geschwindigkeitsweltrekord auf. Ihre Gipfelhöhe lag bei 22.500 m. Die E-155 war die Basis für die Entwicklung der MiG-25. Ihre Serienproduktion konnte allerdings erst 10 Jahre später beginnen, was den drastischen Einschränkungen der Ausgaben für die Luftstreitkräfte zu Gunsten der Raketentruppen geschuldet war.

Auch in den USA wurde an der Entwicklung eines superschnellen Jagdflugzeugs gearbeitet. Offenbar waren dabei aber Probleme aufgetreten, denn die sowjetische Militäraufklärung registrierte ein außerordentliches Interesse der amerikanischen Geheimdienste an der MiG-25, dem mit Abstand schnellsten Jagdflugzeug seiner Zeit. Sie war speziell auch im Hinblick auf die amerikanischen Absichten entwickelt worden, einen superschnellen strategischen Bomber B-70 zu bauen. Die MiG-25 erreichte ohne weiteres Mach 2,8 und mehr. Allerdings war es den Piloten nicht erlaubt, schneller als Mach 2,5 zu fliegen. Fakt ist jedoch, dass in der Ausgabe 2007 von „Guinness World Records" die MiG-25 noch immer als schnellster Abfangjäger verzeichnet ist. Als Beleg gilt eine Radarmessung von Mach 3,2 (3395 km/h), die 1971 über Israel vorgenommen wurde. USAF-Secretary Robert C. Seamans stellte 1973 fest, die MiG-25 sei „der beste Abfänger, der gegenwärtig hergestellt wird".

Angesichts dieser Fakten ist es gut nachvollziehbar, dass die USA nach Belenkos Landung in Hakodate Druck auf Japan ausübten, um sofort an die entführte Maschine heranzukommen. Es gelang den Japanern allerdings zwei Wochen lang, den Amerikanern den Zugang zur MiG zu verwehren. Ab dem 19. September 1976 bereiteten dann 64 japanische und elf amerikanische Experten die Überführung der MiG-25 auf eine US-Basis vor. Eine „Galaxy" des Strategischen Lufttransportkommandos der US Air Force nahm die zerlegte und in 13 Container verpackte Maschine an Bord und flog sie, begleitet von 14 japanischen Jagdflugzeugen, zur US-Militärbasis Hijakura. Die gesamte Aktion war monatelang nicht nur in den Medien, sondern auch in Geheimdienstkreisen beherrschendes Thema.

Nachdem sich amerikanische Medien zunächst abfällig über die Konstruktion der MiG-25 äußerten, sickerte langsam durch, dass sie im Grunde hochmodern war. Die von Belenko entführte Maschine war erst im Februar 1976 produziert worden. Die „Flugrevue" schrieb in ihrer Ausgabe 10/76: „Die MiG-25 hat einen neuen Maßstab in der Leistung von Kampfflugzeugen gesetzt."

Inwieweit die amerikanischen Flugzeugkonstrukteure bei der Entwicklung eigener Hochleistungsflugzeuge von dem Muster MiG-25 profitieren konnten, ist nicht bekannt. Fakt ist jedoch, dass die USA aus der Flucht Belenkos einen unschätzbaren Gewinn ziehen konnten. Obwohl seine MiG-25 im November 1976 in Einzelteilen zurückgegeben wurde, war für die Sowjetunion nicht nur ein großer moralischer Schaden eingetreten, sie musste auch über zwei Milliarden Rubel aufbringen, um die Kennungsgeräte und die Funkmessvisiere ihrer Flugzeuge zu erneuern.

Die Fahnenflucht Belenkos ging offenbar nicht, wie er später behauptete, auf eine spontane Entscheidung seinerseits zurück. In dem 1980 in den USA erschienenen Buch „MiG-Pilot: The Final Escape of Lieutenant Belenko" (MiG-Pilot: Die endgültige Flucht von Leutnant Belenko) von John Barron wird dazu nur wenig ausgesagt. Bei den folgenden Untersuchungen entdeckte die sowjetische Abwehr aber eine Reihe von Ungereimtheiten in seiner Biografie. So hatte er den Besuch einer Stadt im Norden der Sowjetunion verschwiegen, und er erzählte nie etwas über seine Urlaubserlebnisse, was eigentlich unter Piloten unüblich war. Weitere Fakten, die die Abwehr geheim hielt, sprachen dafür, dass Belenko vorher angeworben und zur Fahnenflucht ermuntert worden war.

Die anschließende Befragung Belenkos durch die US-Spezialdienste dauerte fünf Monate. Präsident Gerald Ford erteilte ihm persönlich Asyl. Die Regierung schuf einen Fond, der Belenko ein sorgenfreies Leben garantieren sollte.

Später erhielt er eine Anstellung in der Luftfahrtindustrie, wurde Berater von Regierungseinrichtungen und durfte das ganze Land bereisen. Er wurde amerikanischer Staatsbürger und heiratete eine Amerikanerin, mit der er drei Kinder hat.

In einem Interview, das Belenko 1996 der Journalistin Karen Reedstrom gab, äußerte er sich zu den Motiven und einigen Aspekten seiner Flucht.[26] Darin wird deutlich, dass Belenko alles vermied, was darauf schließen ließe, es habe vor seiner Flucht Kontakte mit Amerikanern oder einem ihrer Agenten gegeben.

Was Belenko nicht wusste

„Als die USA die SR-71 als strategischen Aufklärer in die Bewaffnung übernahmen, tingelte Belenko von einer US-Militäreinrichtung zur anderen und bewies angeblich anhand von Flugberechnungen, dass dieses neue Flugzeug niemals von einer MiG-25 abgefangen werden könnte. Tatsächlich wurde auch nie von einer MiG-25 eine Rakete auf eine SR-71 abgefeuert. Belenko mag aus seiner damaligen Sicht Recht gehabt haben. Was er nicht wusste war, dass solche Abfangprozesse durchaus möglich waren. Die Gefechtsbesatzungen der Fla-Raketenabteilungen des im Raum Schwerin gelegenen FRR-13 der NVA konnten hin und wieder auf den Luftlageplanchetten verfolgen, wie die automatisierte Jägerleitung einer MiG-25 auf die SR-71 funktionierte. Ein typisch russischer Analogrechner berechnete nach den eingegebenen Anfangswerten, der geforderten Leitmethode und der hier notwendigen Zielführung in die hintere Halbsphäre der SR-71 die Flugparameter, die die MiG-25 zu einem bestimmten Zeitpunkt hinter die SR-71 brachten. Die errechneten Angaben wurden an den Abfänger übertragen und abgeflogen. Der Pilot brauchte dann nur noch zu „warten", bis die SR-71 in seine vordere Halbsphäre einflog und seine Luft-Luft-Raketen starten. Das Ziel hätte auch höher und schneller fliegen können. Dieser Irrtum wäre für eine SR-71 tödlich gewesen.

Um die Flüge der zwei SR-71, die ab 1984 permanent in Mildenhall/GB stationiert waren, unter Kontrolle zu halten, wurde noch im gleichen Jahr eine Staffel MiG-25 PD aus der Sowjetunion nach Finowfurt bei Eberswalde verlegt. Sie konnte die schwierige Aufgabe des Abfangens der SR-71 allerdings nur lösen, weil die Funkaufklärung der NVA in der Lage war, deren Start in Echtzeit festzustellen. Die „Horchlöffel von Dessau", wie die Angehörigen des Funkaufklärungsregiments 2 scherzhaft genannt wurden, verfügten über exzellente Technik und waren bestens ausgebildet. Sobald eine SR-71 in Mildenhall gestartet war, erfassten sie deren Funkverkehr. Die Meldung ging sofort an die Funktechnischen Truppen, die danach in der Lage waren, das Ziel so früh wie möglich aufzufassen. Das exzellente Zusammenwirken der Waffengattungen der Luftverteidigung des Warschauer Vertrags gewährleistete, dass die MiG-25 rechtzeitig aufsteigen konnten, um die SR-71 jeweils nach dem gewählten Kurs abzufangen. Die US-Piloten waren nicht wenig überrascht, als zum ersten Mal eine MiG-25 neben ihnen auftauchte.[27]

Anschlag auf Flug 455 der Cubana de Aviaciòn am 6. Oktober 1976

Eine DC-8 Linienmaschine der kubanischen Fluggesellschaft Cubana de Aviaciòn mit 73 Personen an Bord stürzte am 6. Oktober 1976 etwa 17 km vor Barbados ins Meer.

Es gab keine Überlebenden. Unter den Toten war das gesamte kubanische Jugendnationalteam im Fechten. Die Maschine war aus Trinidad kommend auf dem Seawell Airport von Barbados zwischengelandet und zum Weiterflug nach Havanna gestartet, als an Bord eine Bombe explodierte. Unmittelbar danach meldete Flugkapitän Wilfredo Pérez dem Tower: „Wir haben eine Explosion an Bord!", und versuchte noch, auf dem Flugplatz zu landen. Er schaffte es nicht mehr, weil eine zweite Explosion die Maschine zerriss.

Wenige Stunden nach der Katastrophe rief ein anonymer Anrufer eine US-amerikanische Tageszeitung an und übernahm im Namen der kubanischen Exilorganisation Coru die Verantwortung für das Attentat.

Kurz danach wurden Freddy Lugo und Hernán Ricardo Lozano in Trinidad festgenommen. Sie hatten auf der Passagierliste von Flug 455 gestanden, waren allerdings in Barbados ausgestiegen, um nach Trinidad zurückzufliegen. Nach der Verhaftung behaupteten sie zunächst, Angestellte einer venezolanischen Detektei zu sein, die von Luis Posada Carilles geleitet wurde. Im Verhör gaben sie zu, im Auftrag von Posada und Bosch gehandelt zu haben. Posada war bis zum Sieg von Fidel Castro Polizist in Kuba und wurde nach seiner Flucht Chef der Operationsabteilung des venezolanischen Geheimdienstes. Er hatte Dr. Orlando Bosch, einen ehemaligen Mitkämpfer Castros, kennengelernt, als er von der CIA in Guatemala zum Krieg gegen Castro

33 – Eine Douglas DC-8

ausgebildet wurde. Nach dem Desaster in der Schweinebucht trennten sich ihre Wege. Während Posada nach Venezuela ging, ließ sich Bosch in Miami nieder. Sein weiterer Weg war gekennzeichnet von einer Reihe von Anschlägen, die gegen das Regime von Castro gerichtet waren. So wurde er u. a. 1968 in den USA wegen eines Granatwerferangriffs auf einen polnischen Frachter, der Stückgut nach Havanna transportierte, zu 10 Jahren Haft verurteilt. 1972 wurde er auf Bewährung entlassen. Bosch und Posada besaßen zurzeit des Attentats die venezolanische Staatsangehörigkeit und arbeiteten mit der dortigen Geheimpolizei zusammen. Sie wurden schon wenige Tage nach dem 6. Oktober 1976 in Caracas festgenommen. Die Behördenvertreter der betroffenen Länder kamen überein, den vier Verdächtigen den Prozess in Venezuela zu machen. Lugo und Lozano wurden zu jeweils 20 Jahren Haft verurteilt, während Bosch mit der Begründung freigesprochen wurde, die Behörden von Barbados hätten Formfehler in den vorliegenden Dokumenten begangen. Posada, der zu einer Haftstrafe verurteilt wurde, gelang später die Flucht, offenbar mit Unterstützung seiner US-amerikanischen Freunde. Er lebte danach unbehelligt in Miami.[44]

Verlauf und Ende der Landshut-Entführung

Kaum ein Ereignis dieser Art in der jüngeren Geschichte hat sich so tief in das Gedächtnis der Deutschen eingeprägt wie die Entführung der Lufthansa-Maschine „Landshut" und die Befreiung der Geiseln im Oktober 1977. Die Entführung ereignete sich vor dem Hintergrund des Zeitabschnitts, der später „deutscher Herbst" genannt wurde. Die Bundesregierung war entschieden gegen die Rote Armee Fraktion (RAF) vorgegangen, hatte ihre führenden Vertreter ins Gefängnis gebracht und lehnte es kategorisch ab, sich von Terroristen erpressen zu lassen.

Die Boeing 737 war am 13. Oktober 1977 als LH Flug 181 von Palma de Mallorca nach Frankfurt am Main gestartet. Neben 82 Passagieren und fünf Besatzungsmitgliedern befanden sich vier Personen an Bord, die sich als Terroristen erweisen sollten.

34 – Flugroute der „Landshut" nach der Entführung

Den zwei Männern, Captain Martyr Mahmud und Nabil Harb, war es zusammen mit den beiden Frauen, Suhaila Sayeh und Hind Alameh, gelungen, zwei Pistolen, vier Handgranaten und etwa 500 Gramm Plastiksprengstoff an Bord zu bringen. Als die Maschine ihre Reiseflughöhe erreicht hatte, übernahmen sie das Kommando über die „Landshut". Captain Mahmud hieß eigentlich Zohair Youssif Akache. Er war ein in Beirut geborener Palästinenser und mit Alameh, einer Christin aus dem Libanon, verlobt. Harb, alias Riza Abbasi, war Libanese. Sayeh alias Soraya Ansari, stammte aus Israel. Die Besatzung der „Landshut" bestand aus Kapitän Jürgen Schumann, dem Kopiloten Jürgen Vietor und drei Flugbegleiterinnen, von denen nur Gabriele Dillmann namentlich bekannt wurde.

Die Entführer zwangen die Besatzung zum Kurswechsel und zu einer Zwischenlandung in Rom. Sie forderten die Freilassung von Andreas Baader, Gudrun Ensslin, Jan-Carl Raspe und weiterer acht RAF-Mitglieder, sowie von zwei Palästinensern, die in türkischen Gefängnissen saßen. Außerdem verlangten sie 15 Millionen Dollar Lösegeld. Sollten ihre Forderungen nicht bis zum 16. Oktober erfüllt werden, würden der fünf Wochen zuvor entführte Arbeitgeberpräsident Hanns Martin Schleyer sowie die Passagiere und die Besatzung der „Landshut" getötet. Bundeskanzler Helmut Schmidt hatte inzwischen die Entführung zur Chefsache gemacht. Ein Krisenstab wurde gebildet. Man entschied sich dafür, die Antiterroreinheit des Bundesgrenzschutzes, die GSG 9, für einen möglichen Einsatz vorzubereiten. Staatsminister Wischnewski wurde mit der Leitung aller Aktivitäten betraut. Schmidt war generell dagegen, sich auf die Forderungen der Terroristen einzulassen. 1972 hatte die Bundesregierung für die Freigabe der Besatzung und der Passagiere eines Flugzeugs, das arabische Terroristen in ihre Gewalt gebracht hatten, 5 Mio. US-Dollar gezahlt. Das sollte sich nicht wiederholen. Doch noch bestimmten in der „Landshut" die Entführer den Lauf der Dinge. Was sich wie ein Krimi liest, war für die Beteiligten ein Albtraum. Sie erlebten als Geiseln nach dem Auftanken in Rom die Fortsetzung des Fluges über Larnaka auf Zypern und Bahrein nach Dubai. Die Flugplätze Beirut, Damaskus, Bagdad und Kuwait-Stadt waren für die „Landshut" gesperrt. Inzwischen war es Kapitän Schumann gelungen, den Behörden über Funk verdeckte Informationen zu den Entführern mitzuteilen. Als diese es bemerkten, drohte ihr Anführer, den Flugkapitän zu erschießen.

Teile der GSG 9 waren währenddessen mit einer Sondermaschine nach Ankara und später nach Larnaka geflogen, um näher am Ort des Geschehens zu sein und schneller eingreifen zu können. Da aber der weitere Verlauf des Fluges der „Landshut" nicht vorhersehbar war, kehrte die GSG-9-Gruppe wieder nach Deutschland zurück. Als erkennbar war, wohin die Entführer wollten, flog Wischnewski als Verhandlungsführer in den Nahen Osten und eine zweite Maschine mit GSG-9-Angehörigen folgte ihm. Während Wischnewski bei den Regierungen der betroffenen Länder um Verständnis für die unnachgiebige Haltung der Bundesregierung warb, sollte sich die GSG 9 auf die Befreiung der Geiseln vorbereiten.

35 – Eine Boeing 737 der Lufthansa

Beim Aufenthalt in Dubai terrorisierten die Entführer die Passagiere und die Besatzung, in dem sie Angst und Schrecken verbreiteten. Die hygienischen Verhältnisse an Bord waren mittlerweile katastrophal. Nach dem erzwungenen Auftanken dirigierten die Entführer die „Landshut" nach Aden, der damaligen Hauptstadt der Demokratischen Volksrepublik Jemen. Deren Regierung verweigerte die Erlaubnis zur Landung und ließ die Start- und Landebahn blockieren. Da der Treibstoff zur Neige ging, landeten Schumann und Vietor auf dem Sandstreifen neben der Betonpiste. Unter dem Vorwand, das wahrscheinlich beschädigte Fahrwerk kontrollieren zu müssen, verließ Jürgen Schumann mit Zustimmung der Entführer die Maschine. Tatsächlich nahm er jedoch Kontakt mit dem Kommandeur der jemenitischen Soldaten auf, die das Flugzeug umstellt hatten, und drängte ihn, einen erneuten Start nicht zuzulassen. Aber die Führung des Jemen wollte die entführte Maschine unbedingt wieder loswerden und versagte ihre Unterstützung. Obwohl Schumann mit Konsequenzen seitens der Entführer rechnen musste, kehrte er zurück. Mahmud erschoss ihn im Mittelgang der Maschine vor den Augen der Passagiere, ohne ihm die Gelegenheit für eine Erklärung zu geben. Am 17. Oktober 1977 wurde die „Landshut" erneut aufgetankt. Kopilot Vietor flog die Maschine zum Flugplatz der somalischen Hauptstadt Mogadischu. Dort wurde nach der Landung die Leiche von Jürgen Schumann über die hintere Notrutsche aus dem Flugzeug befördert. Inzwischen war allen Beteiligten – auch den Entführern – klar, dass hier das Ende des Dramas stattfinden wird. Die Maschine war in einem Zustand, der einen Weiterflug ausschloss. Die GSG 9, die der „Landshut" quasi immer auf den Fersen geblieben war, traf zeitgleich mit Wischnewski in Mogadischu ein und bereitete sich auf die Erstürmung der Maschine vor.

Die Terroristen setzten ein Ultimatum bis 15:00 Uhr, um die RAF-Mitglieder zu entlassen. Sie trafen Vorbereitungen, um die Maschine zu sprengen, übergossen die Passagiere mit Alkohol aus den Spirituosen, die im Duty-free-Shop vorhanden waren, und verlegten Sprengsätze. Die Unterhändler, die davon Kenntnis hatten, dass sich die GSG 9 bereits vor Ort befand und bereit war, die Geiseln zu befreien, gingen zum Schein auf die Forderungen ein. Sie erklärten aber, dass es zeitlich unmöglich ist, die Häftlinge innerhalb des Ultimatums aus Stuttgart freizulassen und nach Somalia zu bringen. Captain Mahmud sah sich gezwungen, sein Ultimatum bis zum 18. Oktober 1977 01:30 Uhr zu verlängern. Inzwischen hatten sich die Männer der GSG 9 so an die „Landshut" herangearbeitet, dass sie um 0:05 Uhr MEZ gleichzeitig über alle Türen der Notausgänge in das Flugzeug eindringen konnten. In einem kurzen Schusswechsel starben drei der vier Entführer. Nur Suhaila Sayeh überlebte.

Von den Geiseln wurde keine verletzt. Ihre Namen sind bis heute nicht bekannt, da die Lufthansa die Passagierliste aus nachvollziehbaren Gründen nach wie vor geheim hält.

1992 hatte ich Gelegenheit, eine der Geiseln persönlich kennen zu lernen. Sie war mit ihrem damals minderjährigen Sohn an Bord der „Landshut", weil sie als Stewardess der Lufthansa einen ihrer Freiflüge für einen Urlaub auf Mallorca genutzt hatte. Obwohl sie selbst eine erfahrene Flugbegleiterin war, stand sie auch 15 Jahre danach noch unter dem Trauma dieser 108 Stunden zwischen Leben und Tod.

Operation „Adlerklaue"

Am 4. November 1979 stürmten militante Gefolgsleute des Ayatollah Khomeini, hauptsächlich Studenten, die sich der vollen Unterstützung der Revolutionären Islamischen Regierung gewiss sein konnten, die Botschaft der USA in Teheran, nahmen zunächst 66 Amerikaner gefangen und hielten danach 53 von ihnen als Geiseln fest. Damit wollten sie die USA zwingen, den abgesetzten Schah von Persien, Reza Pahlevi, der sich in den USA aufhielt, an den Iran auszuliefern. Nach 6 Monaten ergebnisloser Verhandlungen um deren Freilassung brachen die USA die diplomatischen Beziehungen mit dem Iran ab.

Jimmy Carter, der nach Meinung vieler Amerikaner in seiner Amtszeit als Präsident in außenpolitischen Fragen eine klägliche Figur abgegeben hatte, sah sich veranlasst, in der Angelegenheit einzugreifen. Noch während der Verhandlungen befahl er, Pläne für eine Rettung der Geiseln zu erstellen. Unter maßgeblicher Beteiligung von Sbigniew Brzezinski wurde unter der Bezeichnung „Eagle Claw" (Adlerklaue) ein Plan zur gewaltsamen Befreiung der Geiseln ausgearbeitet. Auf einem Höhepunkt des Kalten Krieges hielt es die US-Administration für erforderlich, sich keinesfalls dem Diktat einer zweitrangigen Macht zu beugen. Allein die Situation war kompliziert, komplex und nahezu unkalkulierbar. Teheran lag inmitten eines feindlichen Landes und niemand konnte vorhersehen, wie die Sowjetunion, die im Dezember 1979 mit Truppen in Afghanistan einmarschiert war, auf die Aktion reagieren würde.

Bis auf die Türkei waren befreundete Länder weit entfernt und authentische, aktuelle Aufklärungsangaben zur Lage direkt vor Ort standen den Amerikanern kaum zur Verfügung. Zudem mussten die Vorbereitungen für eine militärische Aktion in völliger Geheimhaltung erfolgen. Die Option, auf dem Landweg über die Türkei einen Befreiungscoup zu versuchen, wurde wegen des unkalkulierbaren Risikos großer Verluste schnell wieder fallengelassen. Die Wahl fiel auf den Einsatz von Hubschraubern, die von Flugzeugträgern im Golf von Oman starten und in Teiletappen bis nach Teheran vordringen sollten. Noch im Dezember 1979 wurden die erforderlichen Kräfte ausgewählt und bis in den März 1980 hinein einem entsprechenden Training

36 – Ajatollah Khomeini

Türkei
Deckungs-
gruppe
Turkmenistan
Teheran
Iran
C-141
Desert Two
Tabas
Desert One
Afghanistan
Irak
Yazd
Basrah
Transport-
flugzeuge
Sandsturm
Kuwait
Persischer
Golf
Hubschrauber
Bahrain
Dubnai
Katar
USS „Nimitz"
Saudi-
Arabien
Vereinigte
Arab. Emirate
USS "Coral Sea"
Oman
Insel
Masirah

37 – Das Operationsgebiet und die Idee der Handlungen

unterzogen. Die Vereinten Stabschefs (Joint Chiefs of Staff) bestätigten die Aktion am 16. April 1980. Bis zum 23. April 1980 wurden Kräfte und Mittel von vier Teilstreitkräften in Südwest-Asien entfaltet.

Der Plan für „Adlerklaue"

Der Plan sah vor, die Geiseln in einer komplexen Aktion im Verlauf von zwei Nächten zu befreien. Dazu sollten zwei Flugzeugträger und ihre Begleitschiffe, Flugzeuge und Truppen in entsprechender Stärke im Persischen Golf und in angrenzenden Ländern versammelt werden. Von dort aus wollte man insgeheim in iranisches Gebiet eindringen, die Geiseln befreien und ausfliegen.

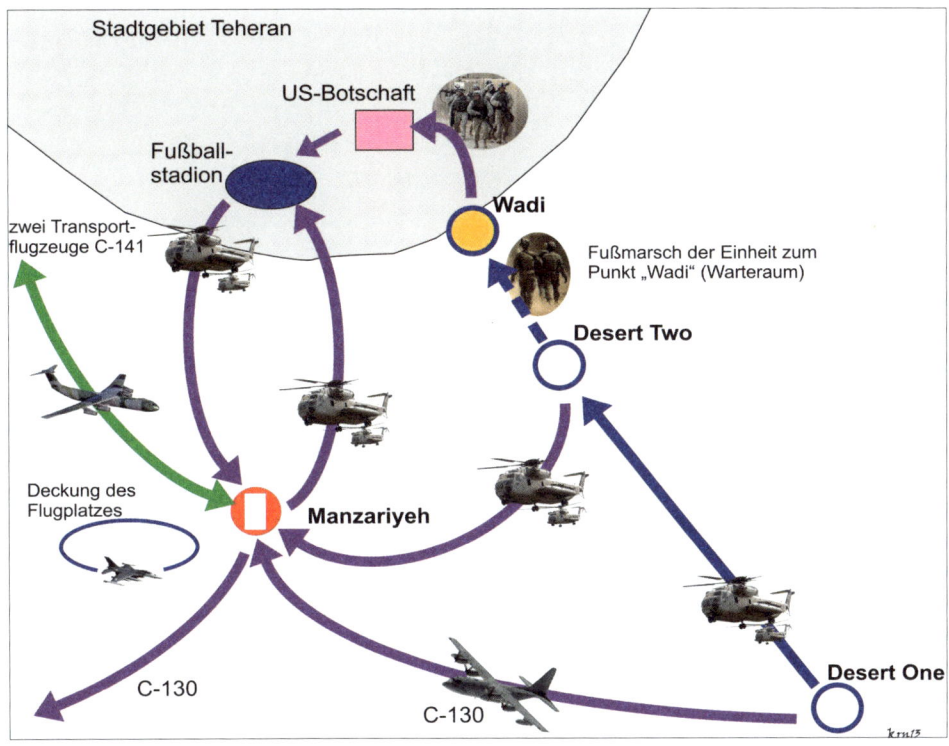

Stadtgebiet Teheran

US-Botschaft

Fußball-
stadion

zwei Transport-
flugzeuge C-141

Wadi

Fußmarsch der Einheit zum
Punkt „Wadi" (Warteraum)

Desert Two

Deckung des
Flugplatzes

Manzariyeh

Desert One

C-130

C-130

krul5

38 – Plan zur Befreiung der Geiseln

In der ersten Nacht war vorgesehen, zunächst mit drei Transportern EC-130 „Hercules" zu einem Punkt „Desert One" zu fliegen, um das erforderliche Personal und Ausrüstung heranzubringen und dort auf die acht Hubschrauber zu warten. Mit weiteren drei C-130 sollten ca. 100 Ranger herangeführt werden, die für die Besetzung des Flughafens El Manzariyeh vorgesehen waren. Die bordgestützten Hubschrauber RH-53, eine spezielle Modifikation des CH-53, mussten aufgetankt werden, da deren Tanks nach dem langen Flug fast völlig leer sein würden. Die Entfernung zwischen dem Seegebiet, in dem ihre Träger, die Flugzeugträger USS „Nimitz" und USS „Coral Sea", operieren konnten, und der iranischen Hauptstadt betrug fast 1500 km. Die über die entsprechende Reichweite verfügenden Transportflugzeuge sollten von der vor Oman gelegenen Insel Masirah starten.

Nach dem Betanken am Punkt „Desert One" sah der Plan vor, dass die Hubschrauber den Trupp an Bord nehmen, der die Geiseln befreien sollte, und ihn zum Punkt „Desert Two" nahe der Stadt Teheran bringen. Von dort würden die Ranger von zwei Agenten im Fußmarsch zu einem Wadi, einem ausgetrockneten Flusstal, geleitet werden, wo sie bis zur folgenden Nacht zu warten hätten, um dann die Geiseln aus der Botschaft zu holen. Die Hubschrauber sollten währenddessen an einer abgeschirmten Stelle auf Warteposition bleiben.

39 – Transportflugzeug C-130 Herkules

In der zweiten Nacht war beabsichtigt, dass die C-130 die anderen Ranger zu dem 50 km südlich von Teheran gelegenen Flughafen El Manzariyeh fliegen, um den Platz zu besetzen. Die Geiseln wollte man nach ihrer Befreiung in ein Fußballstadion bringen, wo sie von den Hubschraubern abgeholt und zum Flugplatz geflogen werden sollten. Unter dem Schutz von Kampfflugzeugen, die aus der Türkei einfliegen würden, sollten auf dem Platz zwei C-141 „Starlifter" landen und die Geiseln ausfliegen. Nach Beendigung der Aktion sollten die C-130 die Ranger auf einer gesonderten Route wieder außer Landes bringen. Die Hubschrauber wollte man sprengen.

Wie verlief „Adlerklaue" dann wirklich?

Der Kommandeur des Unternehmens, Oberst Beckwith, startete am 24. April 1980 mit drei Transportflugzeugen vom Typ EC-130 Herkules von der Insel Masirah zum Flug nach Punkt „Desert One", um dort auf die acht Hubschrauber zu warten, die vorher von den Flugzeugträgern abgehoben hatten. Mit einem gewissen zeitlichen Abstand folgten drei weitere C-130, die neben den Rangern auch Treibstoff an Bord hatten.

„Von Anbeginn an trafen die Hubschrauber auf alle erdenklichen Schwierigkeiten. Jeglicher Funkverkehr war verboten, sie konnten also auch nicht miteinander kommunizieren, wenn die Aktion schiefgehen sollte. Obwohl sie in Quadratformation flogen, war im Grunde jede Hubschrauberbesatzung auf sich selbst gestellt."[29]

Schon kurz nach dem Eindringen in den iranischen Luftraum bekam ein Hubschrauber Probleme mit dem Getriebe seines Rotors. Da Funkstille befohlen war,

40 – Hubschrauber CH-53E

konnte der Pilot keine Information an die anderen Besatzungen durchgeben und musste weiterfliegen. Infolge der extrem geringen Flughöhe von weniger als 100 Metern wirbelten die Rotoren viel Sand und Staub auf, was den folgenden Hubschraubern Probleme bereitete. Als nächstes musste ein RH-53 mit einem beschädigten Rotorblatt notlanden. Ein anderer Pilot bemerkte den Vorgang, landete neben dem defekten Hubschrauber, nahm dessen Besatzung an Bord und folgte den anderen.

Als die verbliebenen sieben Hubschrauber dann noch auf einen der „Habub" genannten Sandstürme stießen, flogen sie im Prinzip blind. Nachdem sie den ersten Sandsturm durchquert hatten, gerieten sie in einen zweiten, noch heftigeren. Inzwischen hatte ein weiterer Hubschrauber ernsthafte Probleme mit seiner Navigationsausrüstung und musste deshalb zur „Nimitz" zurückkehren.

„Jetzt waren die Amerikaner mit nur noch sechs Hubschraubern unterwegs, dem laut Einsatzplan zur Fortsetzung des Unternehmens notwendigen Minimum."[30]

Als Oberst Beckwith mit seinen Transportern bei „Desert One" angekommen war, sah er sich gleich mehreren Problemen gegenüber. Unmittelbar nachdem sie gelandet waren, näherte sich auf einer Ausfallstraße ein vollbesetzter Bus. Weil sich der Fahrer weigerte anzuhalten, zerschossen die Amerikaner die Reifen und trafen den Kühler des Busses. Die 44 Insassen, darunter auch viele Frauen und Kinder, wurden gezwungen, den Bus zu verlassen. Sie wurden unmittelbar Zeugen der folgenden chaotischen und tragischen Ereignisse: Völlig überraschend donnerte ein Tanklaster heran und durchbrach die amerikanischen Absperrungen. Eine Panzerfaust traf das Fahrzeug, löste eine gewaltige Explosion aus und erhellte mit seinem Feuerschein minutenlang die Nacht. Nach der Landung der Hubschrauber und der anderen drei Transporter ergaben sich neue Probleme, denen die Amerikaner nicht gewachsen waren. Da sie die Motoren der Flugzeuge und Hubschrauber laufen ließen, machte der Lärm nahezu jede Verständigung unmöglich. Die Sicht war wegen der Dunkelheit und dem aufgewirbelten Sand so eingeschränkt, dass die Truppenführer den Überblick verloren. Zudem musste Oberst Beckwith zur Kenntnis nehmen, dass die Piloten der Hubschrauber nach dem langen, schwierigen Flug zu erschöpft waren, um die Operation fortzusetzen. Als er dann noch erfuhr, dass einer der Hubschrauber ernsthafte Hydraulikprobleme hatte, entschloss er sich, die Operation abzubrechen. Er nahm Verbindung zu General Vaught auf, dem Befehlshaber der Vereinten Streitkräfte. Vaught, der eigentlich dem Mann vor Ort die Entscheidung überlassen wollte, bat Beckwith aber dennoch darum, mit fünf Hubschraubern die Operation fortzusetzen. Dieser entschied sich jedoch für den sofortigen Abbruch und den Rückflug. Präsident Carter stimmte dem zu.

Beim Auftanken der Hubschrauber kollidierte dann ein RH-53 mit einer Herkules. Die Rotorblätter trafen das Cockpit, es gab eine gewaltige Explosion, die die beiden Maschinen völlig zerstörte. Dabei fanden acht Soldaten den Tod. Bei dem von Panik geprägten chaotischen Rückzug wurden die restlichen Hubschrauber intakt zurückgelassen. Am nächsten Morgen teilte Präsident Carter seinen Landsleuten und einer verwunderten Welt das Fiasko der „Operation Adlerklaue" mit. Stunden danach trafen die Iraner am Punkt „Desert One" ein und konnten zunächst nicht begreifen, was hier geschehen war. Sie schritten durch das Trümmerfeld, machten Videoaufnahmen, zeigten sie wiederholt im öffentlichen Fernsehen und demütigten damit die Amerikaner.

41 – Trümmer am Punkt „Desert One", im Hintergrund ein intakter Hubschrauber

Versuch eines Fazits

Wahrscheinlich war die „Operation Adlerklaue" eine der kompliziertesten Aktionen dieser Art in der jüngeren Militärgeschichte. Obwohl die USA scheinbar über alle materiellen und personellen Voraussetzungen für ein solches Unternehmen verfügten, erlitten sie eine empfindliche Niederlage. Was waren die Ursachen dafür?

Schon kurz nach dem gescheiterten Versuch der Geiselbefreiung wurde von sachkundigen Militärs eingeschätzt, dass sowohl bei der Planung als auch in der Vorbereitung und vor allem während der Ausführung der Operation elementare Fehler begangen und gesicherte Erfahrungen außer Acht gelassen wurden.

Von Napoleon stammt diesbezüglich die Feststellung: „Die einfachsten Operationen sind die besten und das Geheimnis des Erfolgs liegt in einfachen Manövern sowie in Maßnahmen, die man ergreift, um sich vor Überraschungen zu schützen."

„Adlerklaue" war viel zu kompliziert angelegt, Ausweichlösungen für die vorgesehenen Einzelaktionen gab es nicht und die Vorbereitung der beteiligten Kräfte und Mittel war offensichtlich nicht realitätsnah erfolgt. Deutlich wird auch, dass bereits in der Entschlussfassung für die Operation einige Prinzipien militärischen Handelns nicht oder nur unzureichend beachtet wurden. Es ist nahezu ein Axiom, dass vor einem militärischen Entschluss die Lage umfassend beurteilt werden muss. Dazu gehören drei Elemente: Die Beurteilung des Gegners, der Eigenen und der Gefechtsbedingungen. Diese Aufzählung macht deutlich, dass dafür vor allem auch aktuelle und umfassende Aufklärungsergebnisse zu den Bedingungen vor Ort benötigt werden. Mangelnde oder unzulängliche Aufklärung war schon häufig die Ursache für Misserfolge im Gefecht. Eine realistische Beurteilung der Lage hätte zu dem Ergebnis führen müssen, dass eine solche Operation unter den vorliegenden Bedingungen nicht ausführbar war.

Wie sich zeigte, scheiterte die Operation bereits in der Anfangsphase. Natürlich war es durch eine Kette von Zufällen zu einer Anhäufung von Problemen gekommen, aber entscheidend war, dass keine Ausweichlösungen vorbereitet bzw. in Betracht gezogen wurden. Zudem hat danach eine spezielle Kommission gravierende Fehler bei der Auswahl des Personals und in der Vorbereitung auf den Einsatz festgestellt.

Der unrühmliche Ausgang von „Adlerklaue" und die Schmach des Scheiterns von Oberst Beckwith und seiner Truppe werden noch größer, wenn man bedenkt, dass es vonseiten der Iraner keine direkten Einwirkungen auf deren Verlauf gab. Die Schwierigkeiten und Probleme, die sie scheitern ließen, lagen allein bei den Amerikanern oder wurden von ihnen selbst verursacht.

Itavia 870

Der Zwischenfall, der am 27. Juni 1980 zum Verlust einer Passagiermaschine der italienischen Fluggesellschaft Itavia führte, ist ein nahezu klassisches Beispiel für Vorkommnisse am Himmel in der Zeit des Kalten Krieges.

42 – Übersicht der Flugstrecke der DC-9 und der wahrscheinlichen Route der Tu-134

Was im Zusammenhang mit der Klärung der Ursachen und mit einer ganzen Reihe Beteiligter geschah, kann nur als ein besonders perfides Spiel der wahren Verantwortlichen bezeichnet werden.

In den Medien erschienen damals sofort Berichte, wonach eine Bombe linker Terroristen das Flugzeug zum Absturz gebracht hätte. Danach hieß es dann, die Maschine sei schlecht gewartet gewesen und habe zudem Materialermüdung und Abnutzungserscheinungen aufgewiesen.

Itavia wies diese Anschuldigungen vehement zurück und legte Radaraufzeichnungen italienischer Stationen vor, auf denen ein fliegendes Objekt zu erkennen war, das sich vor dem Absturz der DC-9 genähert hatte. NATO-Militärs und CIA-Vertreter erklärten daraufhin umgehend, dass zu dieser Zeit „sämtliche Maschinen am Boden" gewesen seien und „sich alle Raketen in den Hangars befunden hätten", wobei es für den Fachmann unklar ist, um welche Raketen und welche Hangars es sich dabei gehandelt haben soll. An dieser Version wurde ein Jahrzehnt lang festgehalten. Das Pentagon erklärte noch im März 1989, „dass zur Zeit des Unglücks weder Schiffe noch Flugzeuge der US Navy oder der Air Force im oder über dem Seegebiet bei der Insel Ustica im Einsatz waren". Richard Gardner, der Botschafter der USA in Rom, verbreitete diesen Standpunkt, ebenso wie der damalige NATO-Generalsekretär Manfred Wörner. Der beteuerte noch 1991 in einem Interview „die Unschuld der NATO-Piloten".[31]

Schon sehr bald nach dem Zwischenfall war jedoch bekannt geworden, dass wahrscheinlich der libysche Staatschef Muammar Al-Ghaddafi das Ziel eines Angriffs war, der im Rahmen eines gerade stattfindenden NATO-Manövers auf sein Flugzeug geplant war. Ghaddafi befand sich an jenem 27. Juni 1980 wahrscheinlich auf dem Weg zu einem Staatsbesuch in Polen an Bord einer Tu-134, die in ihrer Konfiguration der DC-9 sehr ähnlich ist.[32] Sein Flugzeug änderte über dem Mittelmeer aber völlig überraschend den Kurs und drehte in Richtung Malta ab. Später sickerte durch, dass er wahrscheinlich von proarabischen Kreisen in Rom, die Kenntnis von dem Anschlagsplan erhalten hatten, in letzter Minute gewarnt worden war.

Mit dem Anschlag auf Ghaddafi sollte in Libyen ein Putsch ausgelöst werden.

In der fraglichen Zeit tauchten zwei libysche Kampfflugzeuge vom Typ MiG-23 in dem betreffenden Raum auf. Sie wurden um 20:24 Uhr von den Piloten Nutarelli und Naldini gesichtet, die als Besatzung einer Trainingsmaschine vom Typ Starfighter TF-104G in der Luft waren.

Nach jahrelangen Ermittlungen räumte die NATO ein, dass es am Abend des 27. Juni 1980 einen Luftkampf bei der Insel Ustica gegeben habe. Er soll gegen zwei libysche MiG geführt worden sein, von denen angeblich eine abgeschossen wurde. In der fraglichen Zeit war nachweislich eine AWACS E-3 Sentry der US Air Force über dem Tyrrhenischen Meer in der Luft. Im betreffenden Seegebiet kreuzte der französische Flugzeugträger Clemenceau. Mindestens fünf Abfangjagdflugzeuge, darunter zwei französische Mirage, nahmen an der Aktion teil.[33] Dadurch ist erwiesen, dass die offiziellen Erklärungen der NATO unmittelbar nach dem Zwischenfall genauso wenig der Wahrheit entsprachen, wie die des amerikanischen Botschafters Gardner und des NATO-Generalsekretärs Wörner noch Jahre danach.

Die Geheimdienste Italiens, Frankreichs und der USA inszenierten nach dem Zwischenfall sofort eine enorme Kampagne zur Vertuschung und Desinformation und hielten die Behauptung von einer Bombenexplosion über die Jahre aufrecht. Zugleich wurden die Such- und Bergungsarbeiten der DC-9 verschleppt und desorganisiert.

Als 1987 in einer ersten Bergungsaktion etwa ein Drittel des Wracks der DC-9, das in über 3000 m Tiefe lag, von einer französischen Firma gehoben wurde, ließen sich im Inneren keine Spuren nachweisen, die eine Bombenexplosion bestätigt hätten. Dagegen gab es eindeutige Einschläge und Austrittsöffnungen im Rumpf, die nur auf die Wirkung von Luft-Luft-Raketen zurückgeführt werden konnten. Bemerkenswert ist auch, dass die französische Bergungsgesellschaft den Voice-Recorder mit den letzten Gesprächen im Cockpit angeblich nicht gefunden hat.

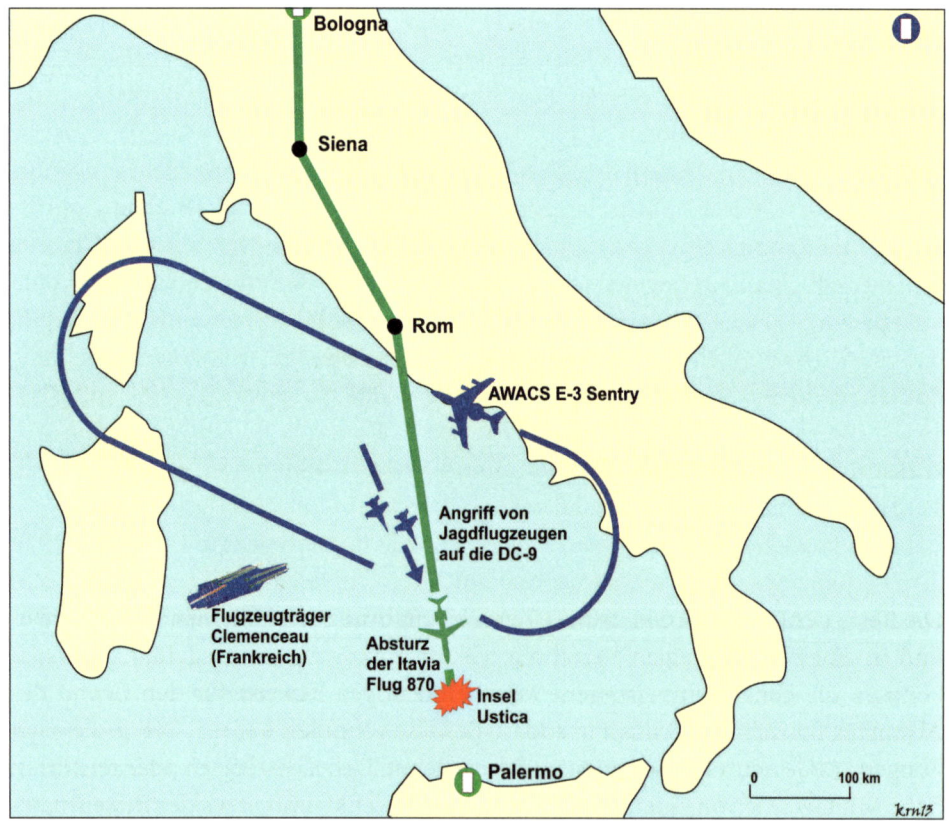

43 – Lage zurzeit des Abschusses der DC-9 im Raum des Tyrrhenischen Meeres

44 – Eine DC-9 der Fluggesellschaft Itavia

45 – Eine Tu-134 Interflug

Die Reste der DC-9 wurden erst 1991 von einem britischen Unternehmen geborgen und in einem aufwändigen Verfahren wie ein Puzzle zusammengefügt. Dennoch konnten die Untersuchungsorgane keine eindeutigen Beweise für den Grund des Absturzes vorweisen. Es mussten andere Beweise gefunden werden. Die Suche nach Zeugen wurde neu aufgenommen und ausgedehnt. Dabei beseitigten oder zerstörten hohe Militärs, wie von einer unsichtbaren Hand gelenkt, immer wieder Beweismaterial. Es kam zu einer Reihe mysteriöser Todesfälle von potenziellen Zeugen.

In dem 1999 veröffentlichten Untersuchungsbericht zog Richter Rosario Priore folgendes Fazit: „Der Absturz der DC-9 erfolgte nach einer militärischen Abfangaktion, die DC-9 wurde abgeschossen."

Staatspräsident Cossiga sagte 2008 öffentlich, dass er von Geheimdienstleuten erfahren habe, es seien die Franzosen gewesen, die die DC-9 abschossen.

In den Jahren nach dem Absturz kam es zu Ereignissen, die Fragen aufwerfen:

- Bereits am 8. August 1980, sechs Wochen nach dem Absturz, kam Oberst Pierangelo Tedoldi, der als Nachfolger des Kommandeurs der Luftwaffenbasis Grosseto nominiert war, bei einem Autounfall ums Leben.
- Am 9. Mai 1981 starb Hauptmann Mauricio Gari mit 37 Jahren an Herzversagen. Er war Kommandeur der Radarstation von Poggio Ballone und einer von drei Militärs, die am 27. Juni 1980 dort Dienst versahen.
- Am 23. Januar 1983 kam der Bürgermeister von Grosseto, Giovanni Battista, ebenfalls bei einem Autounfall ums Leben. Er hatte von NATO-Offizieren Kenntnis davon erhalten, dass am Abend des 27. Juni 1980 vom nahen Flugplatz zwei Abfangjäger gestartet waren, die eine libysche MiG abschießen sollten.
- Am 20. März 1987 wurde der Luftwaffengeneral Licio Giorgio von einem sog. Terrorkommando Unitá Communisti Combattenti erschossen. Er war als Radarexperte Mitglied des Flugleitstabes und hatte sich am 27. Juni 1980 in einem Spezialflugzeug für elektronische Kriegsführung über Ustica befunden. Wie sich später herausstellte, war der Anführer des Terrorkommandos vom Innenministerium bezahlt.
- Am 30. März 1987 fand man den Feldwebel Alberto Dettori erhängt an einem Baum. Er war in der Nacht vom 27. auf den 28. Juni 1980 einer der Diensthabenden auf der Radarstation von Poggio Ballone.
- Am 28. August 1988 kamen die Piloten Ivo Nutarelli und Mario Naldini bei dem Unglück auf dem Flugtag in Ramstein ums Leben. Sie waren für die folgende Woche vor den Untersuchungsausschuss zu dem Itavia-Flug 870 geladen.
- Am 1. Februar 1991 wurde der Luftwaffenfeldwebel Antonio Muzio erschossen. Er war 1980 in der Radaranlage von Lamezia Terme beschäftigt.
- Am 2. Februar 1992 starb der Luftwaffenfeldwebel Antonio Pagliara bei einem Autounfall. Er war 1980 auf der Radarstation von Otranto tätig.
- Am 2. Februar 1992 stürzte der Geheimdienstoffizier Sandro Marcucci vor seiner Vernehmung mit einem Sportflugzeug ab und fand dabei den Tod. Er hatte 1980 Dienst im Einsatzstab.
- Am 12. Januar 1993 wurde der inzwischen pensionierte Luftwaffengeneral Roberto Boemio von unbekannten Tätern in Brüssel erstochen. Als Kommandant der Radarzentrale Martina Franca, die dort am 27. Juni 1980 anwesend war, galt er als ein wichtiger Zeuge.

- Am 21. Dezember 1995 wurde Franco Parisi erhängt an einem Baum aufgefunden. Auch er war 1980 in der Radaranlage von Otranto beschäftigt und hatte wenige Tage vor seinem Tod eine Vorladung zur Aussage vor Gericht erhalten.

Man kann sagen, dass es mit Beginn der Ermittlungen 1987 zu einer erneuten Häufung ungewöhnlicher Todesfälle kam. Inzwischen wird eine noch größere Anzahl weiterer Todesfälle mit den Geschehnissen vom 27. Juni 1980 in Verbindung gebracht. Wie auch bei einigen der oben genannten Fälle lässt sich aber ein konkreter Zusammenhang nur schwer nachweisen. So würde z. B. die These, Nutarelli und Naldini seien einem Mordkomplott zum Opfer gefallen, bedeuten, dass ihr Absturz durch Dritte herbeigeführt wurde. Das ist angesichts der Ausmaße der Katastrophe von Ramstein nahezu unvorstellbar.

Muammar Al-Ghaddafi bestätigte 2003 in einer öffentlichen Rede die Theorie von einem Attentat auf ihn im Zusammenhang mit seinem Flug am 27. Juni 1980.

Vier italienische Generäle, die die Ermittlungen massiv behindert hatten, wurden deswegen angeklagt. 2007 wurden sie freigesprochen. Die ihnen zur Last gelegten Vergehen waren inzwischen verjährt.

Am 28. Januar 2013 entschied eine Strafkammer des Obersten Gerichtshofs Italiens, dass der italienische Staat 110 Millionen Euro Schadensersatz an die Hinterbliebenen zu leisten hat. Grundlage des Urteils war die Überzeugung der Richter, dass die DC-9 mit einer Rakete abgeschossen wurde.

Es bleibt dem Leser überlassen, sich selbst ein Urteil über diesen Zwischenfall zu bilden.

Das tragische Ende von Korean Airlines Flug 007

Der Ferne Osten der Sowjetunion spielte bei den Spionage- und Aufklärungsaktionen der USA immer eine besondere Rolle. So war z. B. bereits 1978 eine Passagiermaschine vom Typ Boeing 707 so stark vom Kurs abgekommen, dass sowjetische Abfangjäger, die sie als Boeing RC-135 ansprachen, zu einer Notlandung zwangen. Die RC-135 war auf der Basis der Boeing 707 entwickelt worden und besaß die gleiche Konfiguration. Eine Verwechslung beider Flugzeuge war unter nächtlichen und entsprechenden meteorologischen Bedingungen durchaus möglich.

Bei FleetEx'83 waren am 4. April 1983 wiederholt Aufklärungsmaschinen der Flugzeugträger „Midway" und „Enterprise" in den sowjetischen Luftraum bei der Insel Seljoni (Kurilen) eingedrungen und hielten sich jedes Mal ca. 7 Minuten darin auf. Kein Wunder, dass die Sowjets dabei lernten, den Amerikanern fast alles zuzutrauen, besonders in Fernost.

Am 1. September 1983 befand sich eine Boeing RC-135 auf einer ELINT-Mission (Electronic Intelligence) im Raum Kamtschatka, um die Testflüge der neuen RS-12M

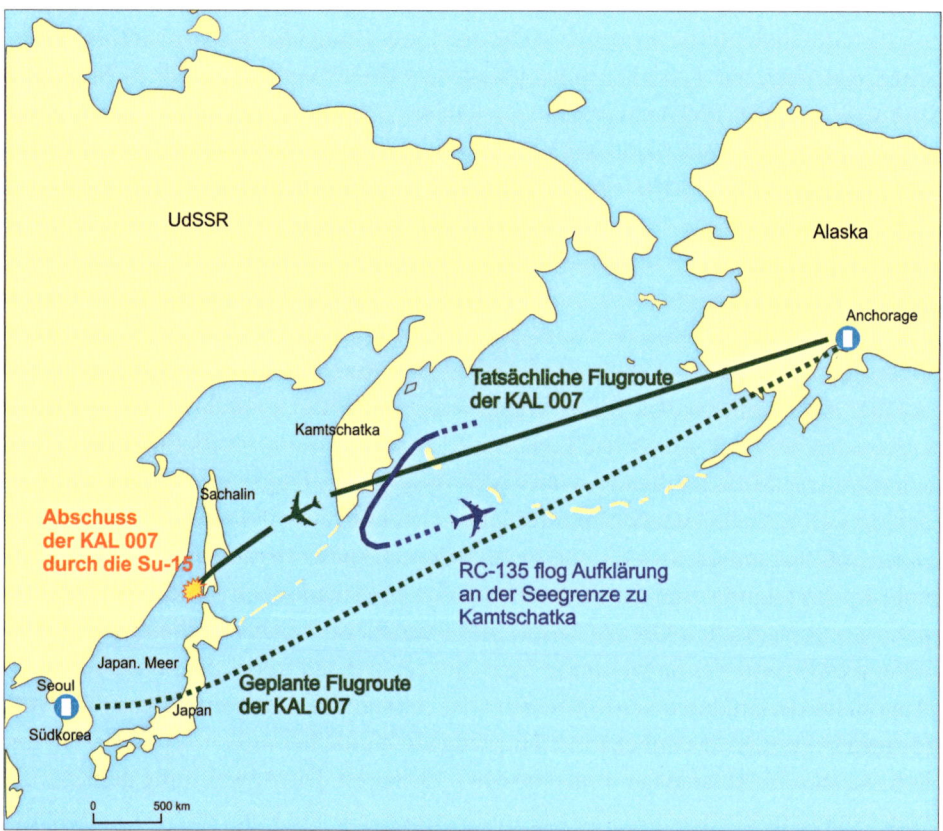

46 – Flugroute der KAL 007

47 – Boeing 747 der KAL

Topol (NATO-Code SS-25) zu erfassen. Einen Tag vorher, am 31. August 1983, war als Flug 007 eine Boeing 747 der Korean Airlines mit eine halben Stunde Verspätung (Ortszeit 23:50 Uhr/UTC 03:50 Uhr) in New York zum Flug nach Seoul gestartet. An Bord befanden sich 23 Besatzungsmitglieder, sechs KAL-Angehörige außer Dienst und 240 Passagiere. Nach einer Zwischenlandung in Anchorage (Alaska), wo sie aufgetankt wurde, startete sie um 03:00 Uhr Ortszeit zum Weiterflug. Über die Gründe, warum sie im folgenden Flugverlauf immer weiter von der vorgeschriebenen Luftstraße abwich, gibt es widersprüchliche Angaben. Luftfahrtexperten schließen jedoch aus mehreren Gründen eine zufällige Abweichung aus.

Die Stationen der Flugsicherung registrierten die Abweichung, konnten aber angeblich die Crew der Maschine mit Flugkapitän Chun Byung-In, einem ehemaligen Oberst der südkoreanischen Luftwaffe, nicht mehr über Funk erreichen. Die KAL 007 näherte sich Kamtschatka. Dabei kreuzte sie mindestens einmal den Kurs der dort kreisenden RC-135. Als sie sich auf etwa 130 km an Kamtschatka genähert hatte, starteten vier MiG-23, denen es aber nicht gelang, das Flugzeug zu stellen. Danach befand sich KAL 007 wieder im internationalen Luftraum über dem Ochotskischen Meer und flog auf die Insel Sachalin zu. Wie sich später herausstellte, war jede Minute der Verfolgungsjagd der KAL 007 von den amerikanischen Aufklärungsstationen nahe der sowjetischen Grenze beobachtet worden. Spätestens zu diesem Zeitpunkt hätte die US-Seite die Sowjetunion über den Sachverhalt informieren müssen. Angesichts der unklaren Lage stufte der Gefechtsstand der Luftverteidigung des Militärbezirks Fernost das unbekannte Flugzeug als feindliches militärisches Ziel ein und ließ zwei Su-15-Abfangjäger und eine MiG-23 starten. Die Abweichung der KAL 007 vom vorgeschriebenen Kurs betrug mittlerweile fast 500 km. Die Su-15 erreichten den Luftraumverletzer und versuchten, ihn durch Schüsse mit ihren Bordkanonen zu

48 – Aufklärungsflugzeug Boeing RC-135

warnen. Wie Oberstleutnant Ossipowitsch, einer der beiden der Su-15-Piloten, später berichtete, habe er für die Warnschüsse keine Leuchtspurmunition gehabt. Als die Boeing danach zu einem Steigflug überging, war er sicher, dass man die Warnschüsse dennoch bemerkt hatte. Da sich die Geschwindigkeit der Maschine in Folge des Steigflugs verringerte, waren die Abfangjäger zum Überholen gezwungen. Sie interpretierten das Verhalten als Ausweichmanöver und flogen erneut von hinten an. Der Umstand, dass die Innenbeleuchtung der Boeing eingeschaltet war, konnte sie nicht von der Ausführung ihres Auftrags abhalten. Da sie den eindeutigen Befehl hatten, das Ziel zu bekämpfen, startete Oberstleutnant Ossipowitsch zwei Luft-Luft-Raketen. Schon die erste Rakete traf die Boeing, die sofort abstürzte. Wie sich danach zeigen sollte, war die sowjetische Seite nicht in der Lage, den Verlauf dieses Zwischenfalls dokumentarisch zu belegen. Sie konnte keine Protokolle des Funkverkehrs, keine Fotos oder entsprechende Aufzeichnungen der Funktechnischen Truppen vorweisen, die sie entlastet hätten. In der sich anschließenden internationalen Medienkampagne war sie hoffnungslos unterlegen.

Anmerkungen: Wie heute bekannt ist, waren damals auffallend viele Piloten von Passagiermaschinen, die auf den Nordpazifikrouten flogen, wie auch Flugkapitän Chun Byung-In, ehemalige Angehörige der Luftwaffe. Sie alle hatten, ebenso wie heute, in ihren Bordtaschen eine Akte, in der die Signale der Abfangjäger der einzelnen Staaten verzeichnet sind. Fährt ein Jäger z. B. sein Fahrwerk aus und kurvt langsam ab, heißt das: Folgen Sie zur Landung. Wenn der Aufforderung nicht Folge geleistet wird, werden Warnschüsse mit Leuchtspurmunition abgegeben. Das gilt als die letzte Aufforderung vor dem gezielten Einsatz der Bordwaffen. Nach neueren Veröffentlichungen spricht eine Reihe von Indizien dafür, dass es sich bei dem Flug 007 der Korean Airlines auch um eine gezielte Provokation gehandelt haben könnte.[34]

Diskant/Relais III

Unter der Bezeichnung „Diskant" bzw. „Relais III" führten die Funkaufklärungs-dienste der NVA und des Ministeriums für Staatssicherheit der DDR in den Jahren von 1984 bis 1989 gemeinsame Maßnahmen zur geheimen luftgestützten Funk- und Funktechnischen Aufklärung (FuFuTAkl) aus. Während sich die Funkaufklärung auf die verschiedenen Funknetze konzentrierte, klärte die Funktechnische Aufklä-rung die Standorte von Funkmessstationen, deren Frequenzbereiche, Arbeitsregime und Reichweiten auf. Die Aktivitäten der Funkaufklärung, die im Ministerium für Staatssicherheit die Bezeichnung „Relais" trugen, beschreibt Volker Liebscher in seinem Buch „Relais".[35] Nach seiner Einschätzung diente Relais III vor allem der Vervollkommnung von Technologien und half bei der Aufklärung von Strukturen und Arbeitsprinzipien von Funktelefonnetzen. Das Buch ist seit geraumer Zeit nicht mehr im Angebot und nur zu hohen Preisen im gebrauchten Zustand zu erhalten. Mit seiner ausdrücklichen Zustimmung werden hier relevante Auszüge aus dem Kapitel Relais III wiedergegeben.

„Bereits im Frühjahr 1984, also etwa ein halbes Jahr, nachdem Relais II angelaufen war, begann mit Relais III eine zweite kontinuierliche und langfristige luftgestützte funkelektronische Aufklärungsmaßnahme. Exakt um 14:00 Uhr hob am 3. April 1984 eine „AN-26" der in Dresden stationierten NVA-Transportfliegerstaffel (TS-24) da-für zum ersten Testflug vom Flugplatz in Dresden-Klotsche ab. Nach 2 Stunden und 20 Minuten wurde der Flug beendet und die Maschine landete wieder in Dresden. Bereits am Folgetag fand ein weiterer Testflug statt, diesmal mit Zwischenlandung in Trollenhagen. Hin- und auch Rückflug nach Dresden dauerten jeweils 2 Stunden 35 Minuten."

49 – Die Aufklärungsmaschine An-26 mit der Nummer 373

Diese Testflüge fanden wahrscheinlich noch ohne eingebaute Geräte statt. Sie sollten dazu dienen, sich einen Überblick über die Möglichkeiten des Flugzeugs zu verschaffen. Mit Technik wurde erstmalig am 15. Mai 1984 geflogen.

Diese Maßnahmen der luftgestützten Funk- und Funktechnischen Aufklärung von NVA und MfS fanden nach 1990 in der einschlägigen Literatur auch an anderer Stelle Erwähnung.[36]

„Die Maßnahme Diskant/Relais III realisierten wir gemeinsam mit Aufklärungskräften der NVA, die auch die Federführung hatte. Die konkrete Planung, Vorbereitung und Realisierung der Gesamtmaßnahme erfolgte unter Beteiligung von Personal beider Organe. Unmittelbare Teilnehmer an den einzelnen Maßnahmen waren Offiziere, Berufssoldaten und Unteroffiziere auf Zeit des Funkaufklärungsregimentes 2 (später Zentraler Funkdienst der NVA) und operativ-technische Mitarbeiter der Hauptabteilung III des MfS. Nicht zu vergessen selbstverständlich die Kräfte der TS-24, die die Maschinen und das Flugpersonal stellten und warteten, sowie der Flugzeug-Reparatur-Werkstatt 24 (FRW-24) in Kamenz. Die Arbeit der dortigen Ingenieure und Techniker ermöglichte es überhaupt erst, dass wir Technik einbauen konnten. Das FuAR-2 der NVA war über den gesamten Zeitraum des Einsatzes der AN-26 als fliegender Aufklärungsstützpunkt der Hauptnutzer des Komplexes."

Die Mitarbeiter der Spezialfunkdienste (SFD) des MfS nutzten nur einen der sechs Arbeitsplätze in der An-26. Sie nahmen nicht an allen Flügen teil. Nach einer Schätzung von Liebscher waren sie in den Jahren von 1985 bis 1987 höchstens an 50 bis 70 Prozent der Gesamtflüge beteiligt. Der Grund dafür lag in der Einschätzung, dass Relais III nicht effektiv genug zur Erfüllung der grundsätzlichen Aufgaben der HA III beitragen konnte:

„Die ‚Schirmherren‘ dieser luftgestützten funkelektronischen Aufklärungsmaßnahmen waren der Chef der Verwaltung Aufklärung (NVA), Generalleutnant Alfred Krause, und der Leiter der Hauptabteilung III (MfS), Generalmajor Horst Männchen. Dass beide Generäle die Maßnahme für sehr wichtig erachteten, lässt sich schon daran ablesen, dass sie mehrfach persönlich „vorbeischauten". Erstmalig waren sie beide am 1. August 1985 anwesend. Eine zweite Inspektion durch Generalleutnant Krause und seinen Stellvertreter, Generalmajor Rother, fand dann am 27. November 1986 statt. Zu diesem Termin erfolgte im Rahmen der Inaugenscheinnahme durch die Führung der Verwaltung Aufklärung der NVA sozusagen die offizielle Einweihung der ‚373‘ als Aufklärungsmaschine. Den ersten, erfolgreichen Arbeitsflug mit der Maschine hatten wir bereits zwei Tage davor, am 25. November 1986 zwischen 08:30 Uhr und 11:47 Uhr durchgeführt. Dass dem Einsatz der AN-26 so hohe Bedeutung beigemessen wurde, lag gewiss auch daran, dass mit der Schaffung eines luftgestützten Aufklärungsmittels in dieser Größenordnung als zentrale Zielstellung für die DDR-Streitkräfte eine neue Qualität der funkelektronischen Aufklärung vorgesehen war und auch vorlag. War doch mit Ende der 1970er- und Anfang der 1980er-Jahre auch

50 – Auch die legendäre An-2 wurde für die FuFuT-Aufklärung eingesetzt.

eine neue Qualität der Hochrüstung und gegenseitigen Bedrohung in Mitteleuropa, an der Trennlinie zwischen NATO und Warschauer Vertrag entstanden. Sicherlich sollte mit Diskant eine höhere Eindringtiefe der taktischen Aufklärung durch funkelektronische Mittel erreicht werden. Die Vorbereitung der luftgestützten Aufklärung durch die NVA erfolgte auf der Grundlage einer Konzeption zur Untersuchung und Erprobung verschiedener Varianten. In die nähere Wahl als Trägermittel für ‚Diskant‘ kam dabei nicht nur die AN-26.

Einem Dokument aus dem Bereich des MfNV ist zu entnehmen, dass neben der ebenfalls benannten An-2, auch der Einsatz einer Tu-134 ins Auge gefasst wurde. Zumindest war deren Eignungsprüfung ebenfalls angewiesen. Mit den Spezialisten des FuAR-2 aus Dessau praktizierten wir schon seit längerem am Boden eine gute Zusammenarbeit. Bei gemeinsamen Aufklärungseinsätzen hatten wir unter anderem nicht nur einmal auf dem Öchsenberg und dem Großen Gleichberg NATO-Manöver mit unserer Empfangstechnik ‚begleitet‘. Die gemeinsamen Maßnahmen trugen vor allem dazu bei, unsere Kräfte zu bündeln.“

Liebscher betont die Übereinstimmung bzw. die Ähnlichkeit der Aufgaben der Funkaufklärer von NVA und MfS, die sich u. a. in der entsprechenden Dienstvorschrift der NVA 043/0/003 und der betreffenden Verschlusssache GVS 0008-41/86 des MfS widerspiegeln. In der Dienstvorschrift der NVA heißt es wörtlich: „Im Frieden ist die Hauptaufgabe der FuFuTAkl auf die ununterbrochene Kontrolle des Gegners zu konzentrieren mit dem Ziel, jede Art von Überraschungen auszuschließen.“ In der oben genannten Verschlusssache des MfS lautet die Formulierung: „… zur Verhinderung jeglicher Überraschungen durch den Gegner, besonders auf militärischem Gebiet." Was die konkreten Ziele von Diskant/Relais III anging, so waren sie in einem Befehl des Stellvertreters des Ministers und Chef der LSK/LV wie folgt festgelegt: „Auf der Grundlage der vom Minister für Nationale Verteidigung erteilten Weisung zur Weiterführung der Funk- und Funktechnischen Luftaufklärung in der NVA (GVS-Nr.: A 649 034) sind Flüge zur Funk- und Funktechnischen Luftaufklärung mit dem Ziel durchzuführen, Angaben über den Zustand und die Handlungen der NATO-Streitkräfte Zentraleuropa und Ostseeausgänge einzubringen. Die Flüge sind im Zusammenwirken von Kräften und Mitteln der LSK/LV und des Funkaufklärungsregiments 2 durchzuführen."

Wie die Teilnahme von Angehörigen der Spezialfunkdienste des MfS konkret aussah, beschreibt Volker Liebscher so: „Beteiligt an den Flügen waren seitens der SFD jeweils drei Mitarbeiter der HA III/6 als Operateure, wobei jeweils ein Mitarbeiter gleichzeitig als Einsatzleiter fungierte. Selten, insbesondere am Anfang der Maßnahme Relais III, aber auch, wenn eine neue Technikkonfiguration getestet werden sollte, nahmen auch Mitarbeiter aus dem technischen Bereich an einzelnen Flügen teil. Alle teilnehmende Kräfte, sowohl die des FuAR-2 als auch wir, wurden eingekleidet mit der entsprechenden Uniform der Luftstreitkräfte von der Unterwäsche bis hin zur blauen zweiteiligen Fliegerkombination. Zum Betreten des Objektes erhielten wir zudem einen korrekten Dienststellenausweis. (…) Bis Ende 1987 kamen verschiedene Maschinen und über den gesamten Zeitraum auch mehrere Piloten zum Einsatz. Ich persönlich bin mit mehr als zehn verschiedenen Kommandanten in der Luft gewesen. Mit ausnahmslos jeder Besatzung war es ein gutes Arbeiten. Das Verhältnis zwischen den beteiligten Kräften war äußerst kameradschaftlich und offen, unabhängig davon, ob wir als Angehörige der NVA oder des MfS an dieser gemeinsamen Maßnahme beteiligt waren. Soweit Fragen der Geheimhaltung dem nicht entgegenstanden, wurden auch technische und organisatorische Fragen der Flugdurchführung miteinander besprochen. Apropos Geheimhaltung: Entsprechend der festgelegten Maßnahmen zur Geheimhaltung, hatten wir uns gegenüber den Einsatzkräften des FuAR-2 als Mitarbeiter der ‚Nachrichtengruppe 2 des MfNV' zu bezeichnen."

Liebscher kann sich allerdings nicht erinnern, dass sie von den Angehörigen des FuAR-2 jemals als Nachrichtengruppe 2 angesprochen wurden. Die wussten schon, zu welchem Organ er und seine Mitarbeiter gehörten.

„Der Kontakt zu den Fliegern war eher gering, was aber eben hauptsächlich damit zu tun hatte, dass jeder seine eigenen Aufgaben zu erfüllen hatte. Und Absprachen zur Flugvorbereitung erfolgten ohnehin ausschließlich durch den Einsatzleiter des FuAR-2. Die Ursache für den Einsatz verschiedener Maschinen war, dass eine eigens für Diskant vorgesehene und konfigurierte Maschine nicht, bzw. noch nicht, zur Verfügung stand. Deren Lieferung hatte sich entweder verzögert, oder eine Bestellung erfolgte überhaupt erst, als erste positive Ergebnisse vorlagen. Genau weiß ich das

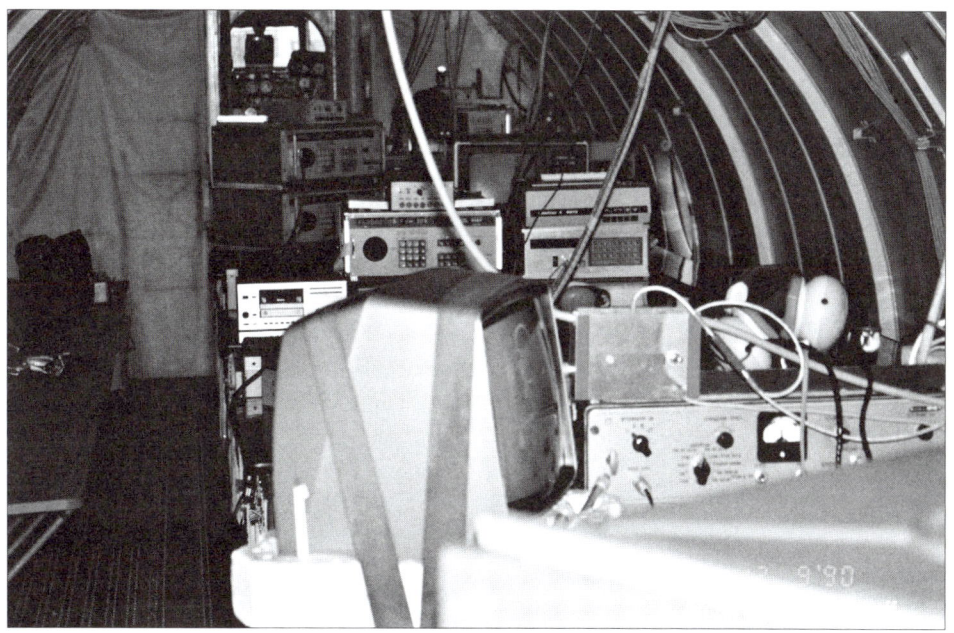

51 – Blick auf die Arbeitsplätze 5 bis 1 im Laderaum der An-26

nicht – nehme jedoch aus planwirtschaftlichen Erfahrungen an, die erste Annahme kommt der Wahrheit nahe. Sei es wie es sei, eine spezielle Aufklärungsmaschine, die schon anfangs erwähnte ‚373‘, konnte jedenfalls erst ab November 1986 zum Einsatz kommen. Bis dahin wurde ab Anfang 1985 hauptsächlich die ‚DDR SBD‘ (später wieder ‚376‘) eingesetzt. In einer an den Stellvertreter des Ministers, Generalleutnant Neiber, gerichteten Information aus dem Juni 1985, wurde das Nichtvorhandensein einer speziellen Aufklärungsmaschine als ‚Mangel‘ genannt und auf den Kauf einer Maschine für das Jahr 1986 verwiesen. Die Benennung des Mangels des ständigen Ein- und Ausbaus war aber eher eine ‚Ausrede‘ für die noch nicht den Erwartungen entsprechenden Resultate. Denn bei der dünnen Technikdecke mussten wir ohnehin die Technik immer wieder ausbauen, auch bei der ‚373‘. Die ersten Flüge fanden, wie bereits an anderer Stelle vermutet, entweder mit der ‚369‘ oder der ‚375‘ statt. (…) Es gab jedenfalls nicht mehrere, sondern immer nur eine ausgerüstete AN-26, wenn diese auch von Maßnahme zu Maßnahme eine andere sein konnte. Grund für die zivile Bezeichnung nach Interflug-Muster und dem damit verbundenen silbergrauen Anstrich mehrerer der genannten Flugzeuge war, dass die Maschinen zu dieser Zeit auch bei Hilfseinsätzen in Äthiopien eingesetzt wurden. Dort transportierten Besatzungen der TS-24 mit ihren AN-26 Getreide für die hungernde Bevölkerung. Dieser Einsatz wurde nicht mit NVA-Bemalung und taktischer Kennzeichnung vorgenommen.“

In die für Diskant/Relais III bestimmten Maschinen bauten die Techniker der TS-24 eigens konstruierte und in der Flugzeug-Reparatur-Werkstatt 24 in Kamenz hergestellte Arbeitsplätze, bestehend aus Tisch und Sitzbank ein, insgesamt sechs hintereinander. Zum Schutz der aufzubauenden Technik gegen Erschütterungen verfügten die knapp 2 m breiten Tische über Arbeitsplatten, die gegen Schwingungen gedämpft waren. Die vorderen fünf Arbeitsplätze nutzten die Kräfte der NVA, den hintersten unmittelbar an der Ladeluke gelegenen die Arbeitsgruppe Relais. Wie Liebscher schreibt, war es für ihn und seine Spezialisten kein Problem, am „Katzentisch" zu sitzen. Dieser Platz sicherte das unkomplizierte Ein- und Ausbauen der Technik, ohne das Arbeitsregime der anderen Besatzung zu stören. Manchmal erfolgte dieser Einbau buchstäblich erst 5 Minuten vor dem Start.

„Die ab 25. November 1986 für ,Diskant' eingesetzte ,373' verfügte über weitere spezielle Einbauten. Das war schon rein optisch wahrnehmbar. Kugelförmig nach außen gewölbte Fenster, ähnlich denen wie sonst nur am Arbeitsplatz des Navigators, waren auch beidseitig als jeweils hintere Fenster eingebaut. In diesen konnten an verstellbaren Halterungen spezielle Antennen eingesetzt werden. Auch diese Halterungen verfügten über Puffer zur Schwingungsdämpfung. Zusätzliche Antennen waren werksmäßig an der Zelle angebracht und zu den Arbeitsplätzen über Deckenzufuhr verkabelt. Der erste Flug mit der fertigausgerüsteten ,373' am 25. November 1986 wurde auch als Vereisungstest für die Drahtantenne und die Fensterkuppeln genutzt. Die Antennen, einschließlich solcher, die hinter den Glaskuppeln zusätzlich aufgebaut wurden, erlaubten die Erfüllung der Aufgabenstellungen durch eine Bearbeitung des Frequenzspektrums von unter 30 MHz bis oberhalb 12 GHz. Arbeitsschwerpunkte bei Relais III waren, neben dem schon bei ,Relais II' den Schwerpunkt bildenden Aufklärungsaufgaben im Mikrowellenfrequenzbereich bis ca. 18 GHz, zusätzlich spezielle Aufgaben im UHF-Bereich. So bestand als Aufgabe bei mehreren Flügen, eine Analyse des Aufbaus des C-Netzes (Mobilfunknetz) vorzunehmen. Der Erfüllung dieser Aufgabe kam die bei der großen Flughöhe erreichbare hohe Eindringtiefe von mindestens 150 km entgegen. Vorgenommene Tests (übrigens auf Basis von Empfangsmessungen von Funkamateurrelais) ergaben eine mögliche Reichweite der Aufklärung von 350 km."

Die Resultate dieser Flüge wurden aufgezeichnet und sofort an die Auswertung der HA III/6 weitergeleitet.

„Diese stellten sie der parallel und gemeinsam mit den Kräften des FuAR-2 auf dem Öchsenberg Manöverbeobachtung betreibenden Einsatzgruppe der HA III zur Verfügung. Im Normalfall erfolgte die Auswertung aber erst nach Einsatzende und Rückkehr nach Biesenthal. Der Abgleich und die zeitlich-territoriale Zuordnung der Aufklärungsresultate erfolgte, wie bei den schon vorher geschilderten Maßnahmen, anhand eines Lagefilms. Die Führung des Lagefilms erfolgte auf Basis der in dieser Chronik angegebenen Wendepunkte und enthielt die Zeiten von deren Überflüge.

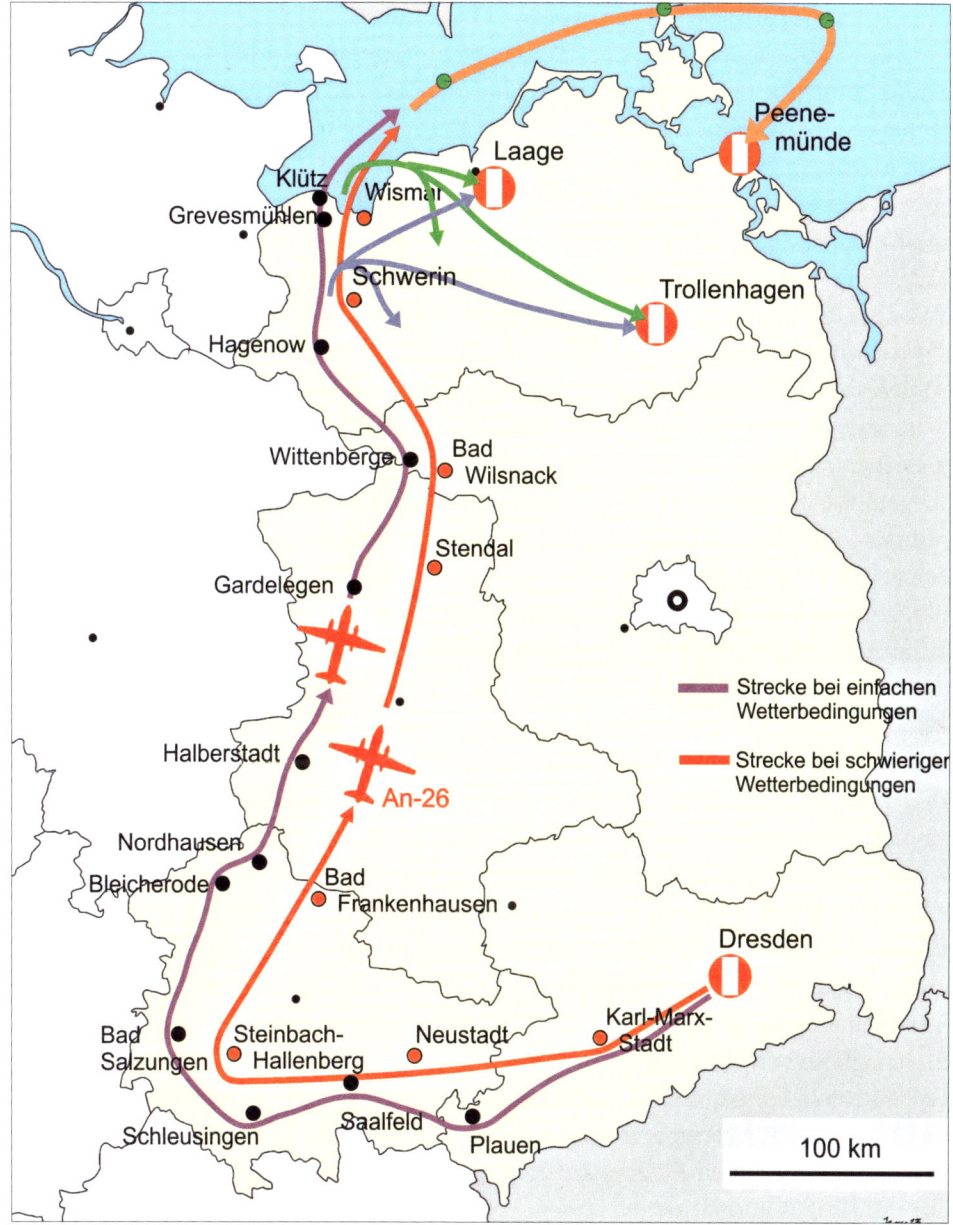

Peene-
münde

Laage

Klütz
Wismar
Grevesmühlen

Schwerin

Trollenhagen

Hagenow

Wittenberge
Bad
Wilsnack

Stendal

Gardelegen

Strecke bei einfachen
Wetterbedingungen

Halberstadt

Strecke bei schwieriger
Wetterbedingungen

An-26

Nordhausen

Bleicherode
Bad
Frankenhausen

Dresden

Bad
Salzungen
Steinbach-
Hallenberg
Neustadt
Karl-Marx-
Stadt

Schleusingen
Saalfeld
Plauen

100 km

52 – Flugstrecken der An-26 bei Diskant/Relais III

Zwischenzeiten wurden mittels Weg-Zeit-Diagramms interpoliert. Neben den genannten konkreten Arbeitsschwerpunkten wirkte Relais III aus Sicht der Spezial-funkdienste als Technologietest. (…) Die Erfahrungen, die bei Relais III gesammelt wurden, halfen aber dann bei der Suche nach Sonden und Sensoren im Rahmen von Relais V. Das entspricht letztlich auch den in einem Bericht aus dem Juni 1985 geäußerten Schlussfolgerungen, weitere Handlungen und Entwicklungen auch auf die Suche von gegnerischen Sonden und Sensoren auszurichten und gar mögliche eigene Sonden auf BRD-Gebiet aus der Luft abzufragen. Letzteres war wohl eher nur verbal geäußerte Zukunftsmusik.

Zur Durchführung der Aufklärungsflüge gab es zwei Standardstrecken und aufgabenbezogene Zonenflüge (z. B. bei NATO-Manövern ‚gegenüber‘ dem Manöverraum). Strecke 1 führte auf Flugfläche FL 200 (ca. 6100 m Höhe) von Dresden über Karl-Marx-Stadt, Neustadt, Steinbach-Hallenberg, Bad Frankenhausen, Stendal, Bad Wilsnack, Schwerin, Wismar und drei Seewendepunkten nach Peenemünde. Strecke 2 verlief auf FL 120 (ca. 3650 m) von Dresden über Karl-Marx-Stadt, Plauen, Saalfeld, Schleusingen, Bad Salzungen, Bleicherode, Nordhausen, Halberstadt, Gardelegen, Wittenberge, Hagenow, Grevesmühlen, Klütz und vier Seewendepunkten ebenfalls nach Peenemünde.

Dort wurde aufgetankt, Mittag gegessen und die gleiche Route zurückgeflogen. Mit der Verlegung der TS-24 nach Laage erfolgte der Abflug dieser Strecken selbstverständlich in modifizierter Abfolge. Von den Standardstrecken wurde, was die Flughöhe betrifft, auch abgewichen. Besonders bei Strecke 2 kam es vor, dass auch etwas höher geflogen wurde. Die in der Tabelle mit Flugdaten zwischen dem 4. September und dem 3. Oktober 1984 mit insgesamt 30 Flügen und mit fast 104 Flugstunden waren mit großer Sicherheit Zonenflüge zu den NATO-Herbstmanövern ‚Autumn Forge‘. In einer vorliegenden Information zur Einsatzdurchführung ‚Relais III‘ heißt es dazu: ‚…unter Berücksichtigung des derzeitig noch nicht den Erfordernissen entsprechenden Ausrüstungsstandes der Maschine wurden dennoch relativ schnell operativ bedeutsame Veränderungen der funkelektronischen Ausgangslage, insbesondere im Rahmen von NATO-Manöverserien festgestellt …‘ (BStU-MfS HA III 13732 S. 154). Häufig wendeten wir bereits über Schwerin oder Klütz, um zum Ausgangspunkt Dresden zurückzukehren oder wir landeten entweder in Laage zwischen (z. B. am 3. September 1985 mit der ‚SBD‘) oder in Trollenhagen (u. a. am 6. Juni 1985, ebenfalls mit der ‚SBD‘) und flogen von dort nach Dresden zurück. Die Fluggeschwindigkeit während der Aufklärungsflüge betrug etwa 420 km/h. Während der Flüge waren wir selbstverständlich vom Radar auf NATO-Seite zu erfassen und unsere Flugaktivitäten entlang der Staatsgrenze verfolgbar. Schon aus dieser Streckenführung ließ sich für die andere Seite ableiten, dass hier keine gewöhnlichen Transportflüge stattfanden. Beim Fliegen über See wurden wir häufig auch kurzzeitig unmittelbar, man kann sagen ‚hautnah‘ begleitet. Das konnte durch Jagdflugzeuge passieren, die sehr dicht herankamen und uns auch als ‚Übungspartner‘ für Abfangübungen nutzten. Inwieweit diese Maschinen selbst mit Aufklärungstechnik bestückt waren, weiß ich nicht. Eine Kollision zwischen uns und den wohl schwedischen und ich glaube auch dänischen Maschinen, hätten neben dem persönlichen Schaden an Leib und Leben auch ‚spannende‘ internationale Verwicklungen ergeben. Das für

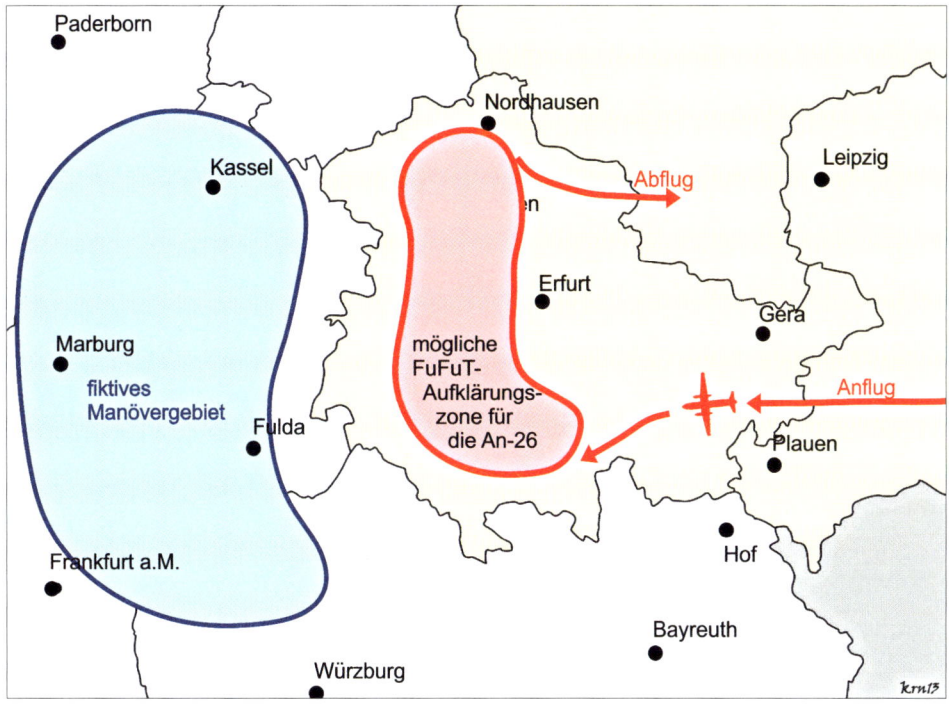

53 – Ein fiktives Manövergebiet und eine mögliche FuFuT-Aufklärungszone

uns aus damaliger Sicht Gefährlichere waren die Begegnungen mit Aufklärungsmaschinen der NATO, konkret durch bei der Bundesmarine eingesetzte BREGUET
1150 Atlantik. Die Bundesmarine verfügte im MFG-3 (Marinefliegergeschwader 3,
Nordholz) seit 1966 über eine Vielzahl dieser Maschinen, eingesetzt vor allem als
U-Bootjäger und in der Seeraumüberwachung. Im Bestand befanden sich aber – wie
schon genannt – auch fünf Maschinen als SIGINT-Version. Ob es sich bei unseren
Begleitern um Maschinen mit SIGINT-Aufgaben handelte, ist für mich nicht mehr
exakt nachvollziehbar. Die Wahrscheinlichkeit dafür ist auf jeden Fall hoch. Sollte das
der Fall gewesen sein, war die Besatzung dieser Maschine sicher bestrebt, exakt zu
ermitteln, welche Frequenzbereiche durch uns aufgeklärt wurden. Technisch ist das
wegen der Abstrahlungen der Empfangstechnik kein Problem. Das wir ebenfalls Aufklärung flogen, lag ja auf der Hand und ergab sich, wie weiter oben schon angemerkt,
aus dem Kurs. Und der ,373' war es auch anzusehen. Auf jeden Fall kamen wir uns
bei solchen Begegnungen mit der Br. 1150 sehr nahe. Es ist zwar schon ein Weilchen
her, und ich verfüge zu meinem Bedauern über keinerlei Fotodokumente oder andere
Aufzeichnungen darüber, aber ich schätze, die größte Annäherung im Parallelflug
lag sehr deutlich unter 100 m. Unangenehm waren diese Begegnungen aber auch für
unsere Flieger, bedeutete es doch für sie neben dem Stress, eine Kollision vermeiden

zu müssen, außerdem im Anschluss an den Flug sicherlich zusätzliche Schreibarbeit. Etwa ab Anfang 1988 bis Herbst 1989 war die TS-24 wegen der Erneuerung der Landebahn in Dresden auf dem Flugplatz in Laage stationiert. Dort war dann auch der Startort für die Flüge von Diskant/Relais III. Zu besichtigen ist die ‚373' leider nicht mehr. Nach einem Landeunfall am 27. Februar 1992 in Ludwigshafen wurde die Maschine verschrottet."

Das Beispiel der Maßnahmen Diskant/Relais III macht deutlich, dass die Militäraufklärung der DDR immer versucht hat, alle Möglichkeiten zur Beschaffung aktueller und zuverlässiger Angaben über den potenziellen Gegner zu nutzen. Bemerkenswert ist hier, dass es zu einer sinnvollen, einvernehmlichen Zusammenarbeit der Aufklärungsdienste der Nationalen Volksarmee und des Ministeriums für Staatssicherheit auf dem speziellen Gebiet der Funkaufklärung gekommen ist. Das war in anderen Aufklärungsarten nicht so.

Operation „Eldorado Canyon"

Nach dem Terroranschlag am 4. April 1986 auf die Diskothek „La Belle" in Westberlin, für den die USA den libyschen Staatschef Ghaddafi verantwortlich machten,
verschärfte die Reagan-Administration die bereits seit geraumer Zeit laufenden
Vorbereitungen für einen Luftangriff auf Ziele in Libyen. Die Operation erhielt den
Namen „Eldorado Canyon". Im Vorfeld waren wiederholt U-2 zur Aufklärung der
möglichen Anflugrouten eingesetzt worden. Die Notwendigkeit dafür ergab sich aus
der Ablehnung Frankreichs, den Luftraum des Landes für den Flug freizugeben. Von
Europa aus waren an „Eldorado Canyon" ca. 34 Flugzeuge beteiligt: 19 F-111F der
48th Tactical Fighter Wing von der Royal Air Force Lakenheath/GB und fünf Aufklärer EF-111A der 42th Electronic Combat Squadron von der RAF Upper Heyford/
GB sowie etwa 10 Tankflugzeuge.

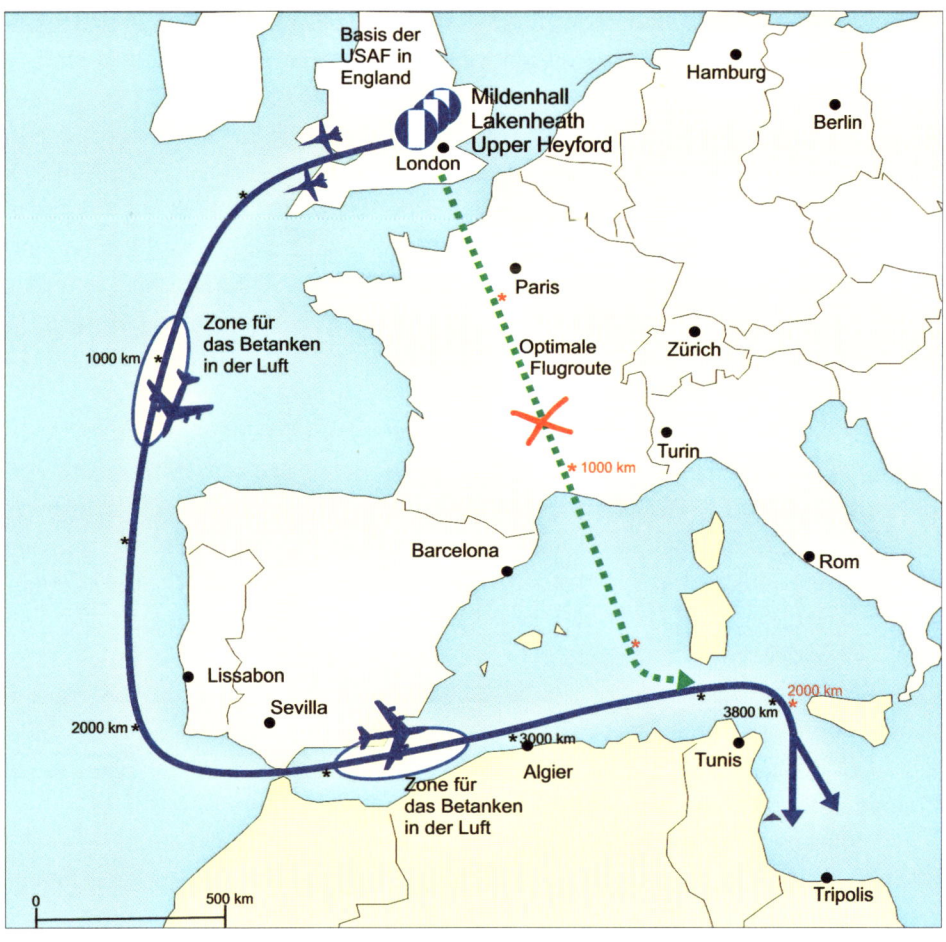

54 – Flugroute der Angriffsgruppe

99

Vorab war ein strategischer Aufklärer SR-71 in Mildenhall/GB gestartet, um die Flugroute der Formation zu sichern. Schon während des Hinflugs kam es beim ersten Auftanken zu ernsthaften Schwierigkeiten, sodass fünf F-111F und eine EF-111A gezwungen waren, zu ihren Stützpunkten in Großbritannien zurückzukehren. Die 18 verbliebenen Maschinen mussten noch mehrmals in der Luft betankt werden und benötigten durch den Umweg 7 Flugstunden mehr als bei einem Direktflug über Frankreich.

Über dem Mittelmeer trennte sich die Angriffsgruppe (14 F-111F) von den restlichen vier EF-111A. Die 14 F-111F bogen zunächst nach Westen ab, um dann über Land fliegend ihre Ziele aus dem Süden anzugreifen. Die vier Eloka-Flugzeuge verzögerten ihren Flug und nahmen direkt Kurs auf die Hauptstadt Tripolis. Der erste Angriff erfolgte am 15. April 1986 um 02:00 Uhr Ortszeit.

Gleichzeitig starteten von den Flugzeugträgern „America" und „Coral Sea" im Mittelmeer eine große Anzahl von Drohnen zur Täuschung der libyschen Funkmessaufklärung sowie 28 Jagdbomber zur Niederhaltung der Luftverteidigung und gegen Ziele in und um Benghazi. Gegen die Kasernen von Bab al-Azizia wurden neun F-111F eingesetzt. Sie warfen 36 Bomben vom Typ GBU-10 (2000 lb = 910 kg) ab. Auf das Camp von Murat Sidi Bilal flogen drei F-111F den Angriff mit zwölf Bomben des oben genannten Typs GBU-10. Die restlichen sechs F-111F setzten gegen den Flugplatz Tripolis (eh. Wheelus Air Base) 72 Bomben Mk 82 (500 lb = 230 kg) ein. Mit den bordgestützten Flugzeugen vom Typ A-6E, A-7E und F/A-18 erfolgte um 04:00 Uhr ein zweiter Angriff, um 16:00 Uhr ein weiterer. Am nächsten Tag wurde noch ein vierter Angriff vorgetragen. Während dieser Zeit waren ständig Frühwarn- und Kontrollflugzeuge vom Typ E-2C Hawkeye in der Luft. Sie führten die F-14 Tomcat, die die Luftüberlegenheit zu gewährleisten hatten.

In beachtlichem Umfang wurden von den amerikanischen Fliegerkräften Antifunkmess-Raketen vom Typ „HARM" eingesetzt, deren Startentfernung zum Ziel 130 km betrug. Von 36 eingesetzten Raketen erreichten 15 ihr Ziel. Ihre Wirkung war jedoch gering, nicht jeder Treffer hatte den Ausfall der Station zur Folge. Erstmalig kamen lasergelenkte Bomben des Typs „Paveway" zum Einsatz. Darüber hinaus wurden lasergelenkte Raketen des Typs „Bullpup" eingesetzt, von denen allerding 30 bis 40 Prozent nicht detonierten.

Insgesamt wurden 300 Bomben, 48 Luft-Boden-Raketen und eine unbekannte Anzahl von Marschflugkörpern eingesetzt. Es gab ca. 40 Todesopfer unter der libyschen Bevölkerung. Außerdem wurden die Botschaften der Schweiz, Österreichs, Finnlands, Frankreichs und des Iran beschädigt.

Die libysche Seite war bereits am 13. April 1986 von der Sowjetunion über die Konzentrierung der Flugzeugträger im Mittelmeer informiert und vor einem möglichen Luftüberfall gewarnt worden. Es wurde empfohlen, für die Streitkräfte des Landes „Erhöhte Gefechtsbereitschaft" auszulösen und bei den Kräften und Mit-

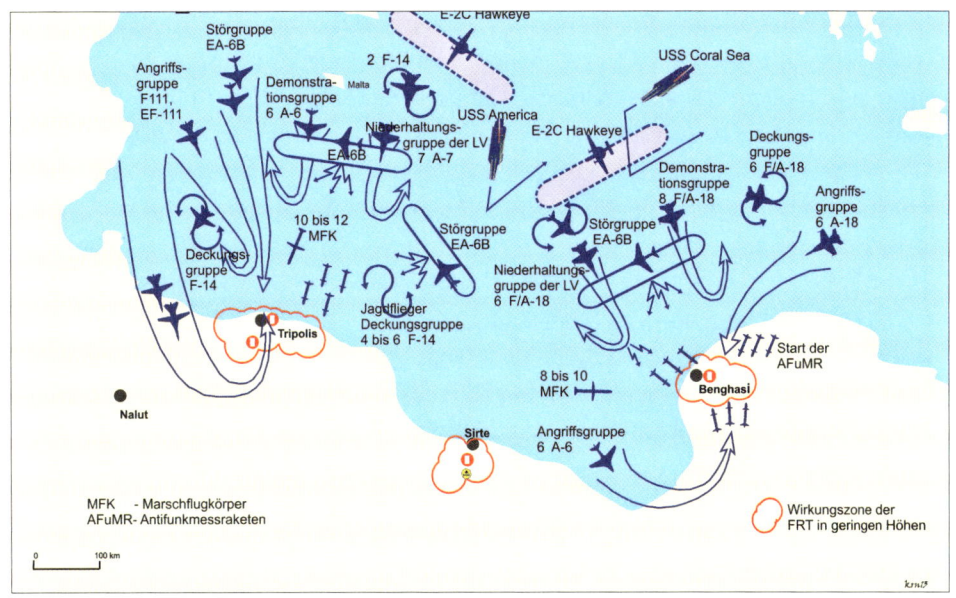

55 – Plan für die Operation „Eldorado Canyon"

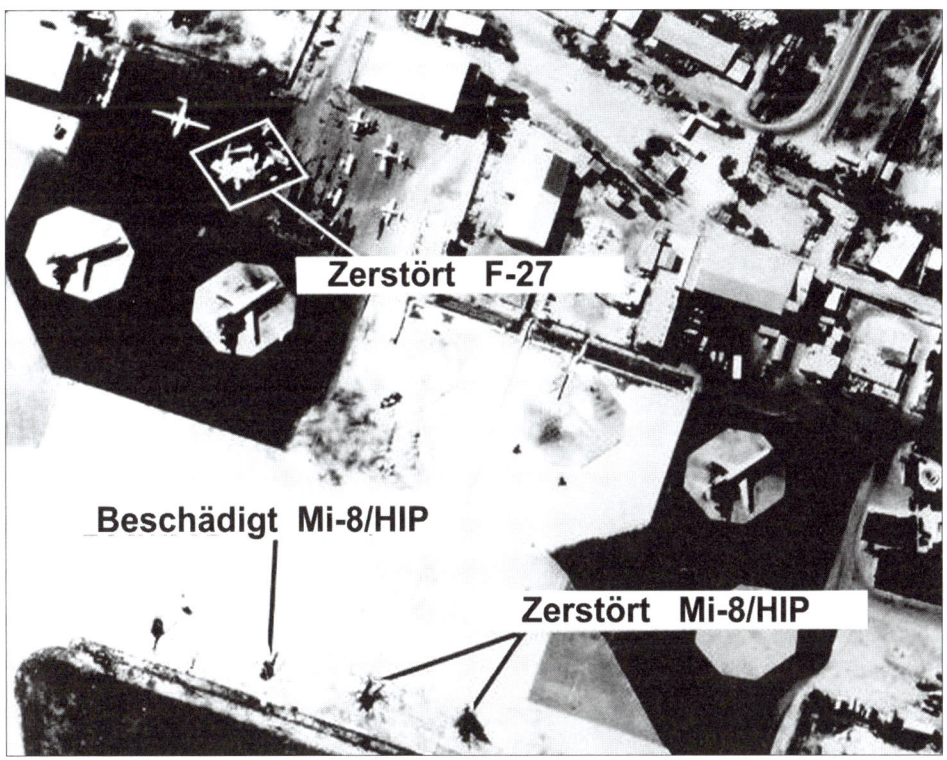

56 – Luftbilder eines Flugplatzes nach dem Angriff

teln der Luftverteidigung des Landes die „Volle Gefechtsbereitschaft" herzustellen. Ghaddafi und die libysche Armeeführung nahmen diese Warnung nicht ernst und reagierten nicht darauf. Entsprechend ineffektiv handelte die Luftverteidigung, zumal ihre Stellungen und Flugplätze vorrangige Ziele der Angreifer waren.

Die ersten Schläge wurden ausschließlich nur auf das Luftverteidigungssystem geführt, insbesondere auf Funkmessstationen sowie die Raketenleitstationen des Fla-Raketensystems „Wega". Allein zur Deckung von Tripolis verfügte die libysche Luftverteidigung über:

7 Fla-Raketen-Abteilungen SA-2 Wolchow

12 Fla-Raketen-Abteilungen SA-3 Newa

3 Fla-Raketen-Abteilungen SA-6 Kub

1 Fla-Raketen-Regiment Osa-AK

2 Einheiten mit dem französischen Luftabwehrsystem Crotale II

Damit besaß allein die Gruppierung um Tripolis 27 Zielkanäle der sowjetischen Komplexe mit 154 Startrampen. Hinzu kamen die 60 Startrampen der Crotale-Einheiten.

Bei den Angriffen sollen nach libyschen Angaben insgesamt 20 US-Flugzeuge abgeschossen worden sein. Die sowjetischen Spezialisten stellten jedoch fest, dass nur zehn Flugzeuge vernichtet wurden. Einige davon zerschellten auf dem Festland, der größte Teil der getroffenen Flugzeuge stürzte über dem Mittelmeer ab. Eine F-111F musste infolge der Schäden, die sie durch Treffer erlitten hatte, auf dem spanischen Luftwaffenstützpunkt Rota notlanden.

Trotz der relativ geringen Wirksamkeit der Handlungen der libyschen Luftverteidigung warfen nur vier der 14 F-111F ihre Bomben erfolgreich ab. Die anderen brachen den Angriff ab oder verfehlten ihre Ziele. Offenbar waren die vorausgegangenen Aufklärungsmaßnahmen nicht ausreichend und die Kampferfahrung der Besatzungen nicht besonders hoch.[37]

Der Flug des Mathias Rust –
Eine Luftprovokation der besonderen Art

Kaum ein anderer Luftzwischenfall der späten 1980er-Jahre hat in der internationalen Öffentlichkeit soviel Aufmerksamkeit hervorgerufen, wie der Flug von Mathias Rust im Mai 1987. Die westliche Presse stellte die Tat des jungen Deutschen als „Streich eines dummen Jungen" dar, hob besonders das blamable Ereignis einer Landung im Herzen der Sowjetunion hervor und stellte die Frage, wie es möglich sein konnte, ein so starkes Luftverteidigungssystem einfach auszuhebeln. Auch heute noch, mehr als 25 Jahre nach seiner Landung neben dem Roten Platz in Moskau, sind sowohl der Verlauf als auch die Auswirkungen dieses Fluges heftig umstritten.

Zunächst die offizielle Version: [38]

Der noch 18-jährige Mathias Rust, der nur knapp ein Jahr zuvor seinen Flugschein erworben hatte, startete am 13. Mai 1987 mit einer gecharterten Cessna 172 P, Kennzeichen „D-ECJB", in Hamburg-Fuhlsbüttel angeblich zu einem Rundflug über der Nordsee. Nach einer Zwischenlandung auf dem Flugplatz Uetersen bei Hamburg, wo er die Rücksitzbank der viersitzigen Maschine ausbaute, flog er jedoch zunächst auf die Färöer. In den folgenden Tagen setzte er den Flug fort und landete in Keflavik (Island). Von dort flog er über Bergen (Norwegen) nach Finnland und landete

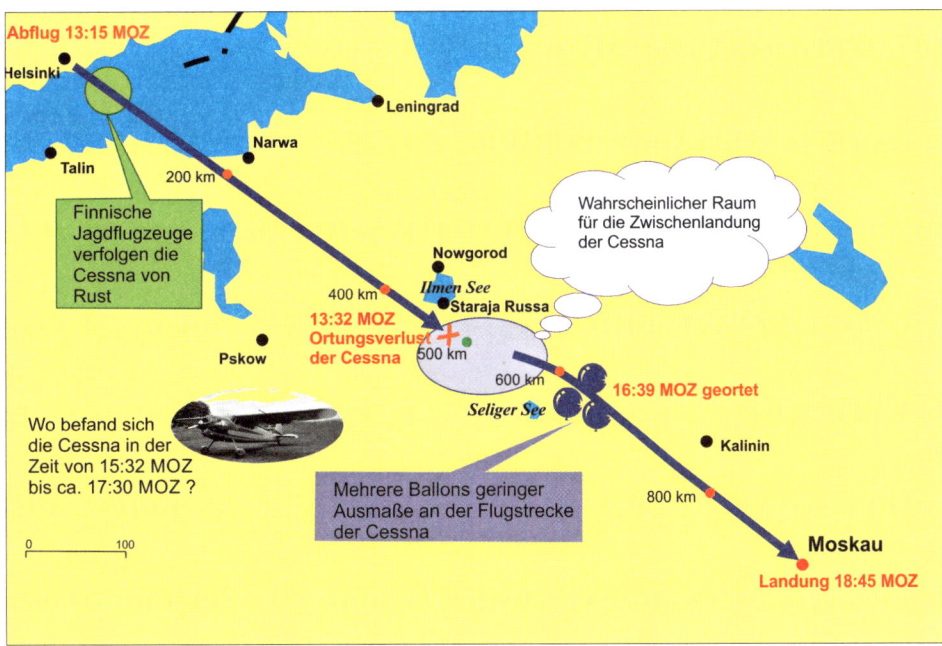

57 – Der Verlauf der letzten Etappe des Fluges

am 25. Mai 1987 auf dem Flugplatz Malmi bei Helsinki. Drei Tage später überflog er die finnisch-sowjetische Grenze in Richtung Leningrad (heute St. Petersburg). Von dort folgte er der schnurgeraden Eisenbahnlinie nach Moskau und erreichte die sowjetische Hauptstadt nach etwa fünfeinhalb Stunden gegen 18:15 Uhr MOZ. Er versuchte zuerst, auf dem Roten Platz zu landen, musste aber feststellen, dass der Platz voller Menschen war und er da nicht landen konnte. Auf der Suche nach einem geeigneten Landeplatz entdeckte er südlich der Basilius-Kathedrale die mehrspurige Große Moskwa-Brücke, deren Mittelstreifen kaum befahren war. Dort setzte er gegen 18:40 Uhr sicher auf, rollte bis vor die Basilius-Kathedrale an der Kremlmauer und brachte seine Maschine zum Stehen. Sein Flug fand eine außergewöhnliche internationale Aufmerksamkeit und führte in der Sowjetunion zu innenpolitischen Konsequenzen größten Ausmaßes. Verteidigungsminister Marschall Sergei Leonidowitsch Sokolow ging „auf eigenen Wunsch" in den frühzeitigen Ruhestand, über hundert Generäle wurden von ihren Funktionen entbunden, strafversetzt oder entlassen.

Hier der rekonstruierte Flugverlauf und seine Etappen

Am 13. Mai 1987 charterte Rust in Hamburg eine Cessna 172 P und flog nach Uetersen. Entfernung 25 km. Am gleichen Tag trat er den Flug nach den Färöern an (ca. 1275 km).

Die nächste Etappe von den Färöer bis zum isländischen Keflavik war etwa 750 km lang. Nach einigen Tagen Aufenthalt startete Rust vom Keflavik International Airport, der zugleich NATO-Flugplatz war, zum Flug nach Bergen/Norwegen (ca. 1420 km). Er landete auf dem Flughafen Flesland, der sowohl zivil als auch militärisch genutzt wird.

Am 25. Mai 1987 flog er von Bergen nach Helsinki/Finnland (1125 km). Dort verblieb er weitere drei Tage.

Nach widersprüchlichen Angaben setzte er den Flug am 28. Mai 1987 um 13:15 Uhr MOZ fort, um dann nach etwa 300 km die sowjetische Grenze bei Leningrad zu überfliegen. Nach seinen Aussagen wählte Rust eine Flughöhe von 700 m, um das Funkmessfeld nicht zu unterfliegen. Auf den restlichen 650 km bis Moskau musste er nur der schnurgeraden Bahnlinie folgen. Das Komplizierteste für ihn bestand darin, einen geeigneten Landeplatz im Zentrum von Moskau zu finden. Da eine Landung auf dem Roten Platz zu gefährlich war, entschied er sich für die große Moskwa-Brücke. Deren mittlere Spur war immer für den allgemeinen Straßenverkehr gesperrt. „Zufällig" waren über der Brücke die Oberleitungen für die Trolleybusse seit Tagen abgebaut. Dort landete er um 18:45 Uhr MOZ und „zufällig" waren im Umfeld des Roten Platzes mehrere Kameras eines Fernsehsenders postiert, die eindrucksvolle Bilder von der Endphase des Rust-Fluges aufnehmen konnten. Bis heute ist ungeklärt, warum Rust mehr als 6 Stunden für den Flug über 950 km benötigte. Normalerweise hätte die Cessna bei ihrer Reisegeschwindigkeit von 200 bis

58 – Cessna 182 – Rust flog mit einer ähnlichen Maschine

250 km/h dafür höchstens 4 Stunden gebraucht. Zudem vergingen zwischen dem Beginn des Fluges am 13. und der Landung am 28. Mai 1987 insgesamt 15 Tage. Die Antwort auf die Frage, was im Einzelnen in dieser Zeit geschah, ist Rust bis heute schuldig geblieben.

Wie begründete Rust selbst seinen Flug und wie wurde er von den internationalen Medien interpretiert?

In dem Prozess, der am 2. September 1987 vor dem Obersten Gerichtshof in Moskau begann, behauptete Rust, er habe den Flug „für den Weltfrieden und die Verständigung zwischen den Völkern" unternommen. Er sei nach dem gescheiterten Gipfeltreffen von Ronald Reagan und Michail Gorbatschow 1986 in Reykjavik so enttäuscht gewesen, dass er etwas unternehmen musste, um die Welt vor dem nuklearen Chaos zu retten. Andererseits äußerte er, den Flug „aus Spaß" unternommen zu haben. Der Haupttenor der Medien lautete: „Ein Hobbypilot hat die Weltmacht blamiert." Insider erkannten, dass Rust mit seinem Flug etwas ausgelöst hatte, was er nicht mehr kontrollieren konnte, Gorbatschow aber die Gelegenheit bot, die Pannen in der Armee zum Anlass zu nehmen, um gnadenlos mit unliebsamen Gegnern seiner Politik abzurechnen. Der Oberste Gerichtshof verurteilte Rust wegen illegaler Einreise, Verletzung internationaler Flugverkehrsvorschriften und schweren Rowdytums zu 4 Jahren Arbeitslager. Nach 14 Monaten, die er angeblich im Lefortowo-Gefängnis in Moskau verbrachte, wurde er am 3. August 1988 vorzeitig aus der Haft entlassen, nachdem ihn der Vorsitzende des Präsidiums des Obersten Sowjets, Andrej Gromyko, begnadigt hatte. Nach seiner Rückkehr in die Bundesrepublik stellten die Journalisten fest, dass Rust eine „einzige Enttäuschung" und eine „intellektuell leere Hülle" war. Sie bezeichneten ihn als „geistigen Tiefflieger" und „geltungssüchtigen Spinner".

Wie wurde damals der Flug des Mathias Rust in der sowjetischen Öffentlichkeit und bei den Streitkräften wahrgenommen und reflektiert?

1987 zeichneten sich in der Sowjetunion bereits zunehmende Schwierigkeiten auf vielen Gebieten des Lebens ab. Die Politik von Glasnost und Perestroika (Offenheit und Umgestaltung) des Michail Gorbatschow hatte nicht zu den dringend notwendigen und erhofften Verbesserungen der wirtschaftlichen Lage und der Lebensbedingungen des Volkes geführt. Vor allem in der Armee und in Kreisen der Wirtschaft formierte sich Widerstand gegen seine prinzipien- und konzeptionslose Linie. Außerdem regte sich in einigen Unionsrepubliken Unmut gegen die permanente Bevormundung aus Moskau. Als dann am 28. Mai 1987 ein junger Mann aus der BRD mit einem Flugzeug neben dem Kreml landete, machte sich in der sowjetischen Öffentlichkeit neben der Überraschung auch eine gewisse Ratlosigkeit breit.

Wie konnte es sein, dass das starke System der Luftverteidigung nicht in der Lage war, ein kleines einmotoriges Flugzeug abzufangen, das noch dazu von einem Amateur geflogen wurde? Militärs und Geheimdienstler nahmen zwar schon sehr bald an, dass der Flug nicht das Werk eines Einzelnen sein konnte, waren aber nicht in der Lage nachzuweisen, dass es sich um eine sorgfältig geplante Operation handelte. Ihre Annahme wurde gestützt durch die Tatsache, dass die Gruppe um Gorbatschow anschließend einen fast vollständigen Austausch der militärischen Führung und eine radikale Kürzung des Personalbestands der Streitkräfte vornahm. Mit diesem Enthauptungsschlag gegen die Militärs konnte Gorbatschow die seiner Ansicht nach stärkste Gefahr für seine Absichten und Pläne beseitigen.

Es kam zu einer durchgehenden „Säuberung" des Offizierskorps. Zu den abgelösten Militärs gehörten außer dem Verteidigungsminister alle seine Stellvertreter, der Chef des Generalstabs und zwei seiner ersten Stellvertreter, der Oberbefehlshaber des Warschauer Vertrags und sein Stellvertreter, alle vier Oberbefehlshaber der Gruppen der sowjetischen Streitkräfte in Deutschland, Polen, Ungarn und der CSSR, alle Flottenchefs und alle Befehlshaber der Militärbezirke. Die Welle der Säuberung erreichte sogar die Ebene der Divisionskommandeure.

Bei unseren Recherchen zum Flug des Mathias Rust fanden wir im russischen Internet einen Beitrag von Iwan Gladilin, der am 28. Mai 2012, also genau 25 Jahre nach der Landung, veröffentlicht wurde. Obwohl darin aus unserer Sicht einige Aussagen von denen anderer Quellen abweichen und man ihnen aus fachlichen Gründen nicht in jedem Fall zustimmen kann, haben wir uns dafür entschieden, eine Übersetzung vorzunehmen und sie im Anhang des Buches einzustellen. Die Übertragung ins Deutsche hat Burghard Keuthe besorgt, der als Kenner der Materie und der russischen Sprache dafür prädestiniert war.[39]

Wie reagierte die Führung der LSK/LV der DDR auf den Rust-Flug?

Durch die besondere Lage der DDR an der Trennlinie von Warschauer Vertrag und NATO war die NVA-Luftverteidigung, anders als die der Sowjetunion, permanent mit dem Problem der rechtzeitigen Entdeckung und Meldung auch kleiner Flugzeuge konfrontiert. An ihrer Staatsgrenze West kam es häufig zu beabsichtigten oder ungewollten Luftraumverletzungen durch Kleinflugzeuge oder Hubschrauber in geringen Höhen und auch zu Fluchtversuchen aus der DDR. Die Grenzsoldaten waren angehalten, den Luftraum visuell zu beobachten und den Ein- bzw. Ausflug solcher Maschinen sofort zu melden. Entsprechende Meldungen gingen, ebenso wie die der Funktechnischen Truppen, unmittelbar an die Gefechtsstände der Luftverteidigung. Im Normalfall war man dann in der Lage, bei Bedarf entsprechend zu handeln. Dazu waren Kampfhubschrauber so disloziert, dass sie rechtzeitig das Gebiet der Luftraumverletzung erreichen konnten. So waren z. B. bei einem Funktechnischen Posten des FuTB-4, der in Grenznähe bei Molzan lag, ständig Mi-24 Hubschrauber stationiert.

Aber auch die Diensthabenden Einheiten der Fla-Raketentruppen wurden in solchen Fällen einbezogen. Obwohl ihr direkter Einsatz gegen Kleinflugzeuge nicht vorgesehen war, nutzten sie die Gelegenheit, Ziele mit geringer Reflexionsfläche und in extrem geringen Höhen mit ihren Raketenleitstationen aufzufassen und zu begleiten. Nach der Stationierung der amerikanischen Flügelraketen in Westeuropa wurden in den besonders gefährdeten Richtungen zusätzliche Maßnahmen zur rechtzeitigen Erkennung und Verfolgung extrem tieffliegender Ziel getroffen. Dazu gehörte, neben speziellen Funkmessstationen, auch die Einbeziehung von Personal zur visuellen Beobachtung. Nach dem Rust-Flug wurden diese Maßnahmen noch einmal verschärft. Der Kommandeur der 43. Fla-Raketenbrigade, Oberst Spakowski, der zeitnah von dem Flug und der Landung des Mathias Rust erfahren hatte, wies umgehend seine Einheitskommandeure an, ab sofort die festgelegten Maßnahmen zur Ortung von Zielen in extrem geringen Höhen strikt einzuhalten.

Wie sinnvoll diese Weisung war, zeigte sich, als der Stellvertreter des Ministers und Chef der LSK/LV, Generaloberst Reinhold, die Wachsamkeit der Einheiten der Luftverteidigung in Bezug auf solche Ziele überprüfen ließ. Der Kommandeur der 3. Luftverteidigungsdivision, Oberst Schwipper, setzte dazu neben paarweise in geringen Höhen fliegenden MiG-23 auch die drei einmotorigen ZLIN 43 seiner Verbindungsfliegerkette 33 ein, die quasi in Höhe der Baumwipfel fliegen konnten. Während die 43. FRBr die Überprüfungen mit guten Ergebnissen bestand, mussten andere Truppenteile heftige Kritik hinnehmen. Eine spezielle Auswertung des Fluges von Mathias Rust fand jedoch in den Stäben und bei den Truppen der Teilstreitkraft LSK/LV der NVA nicht statt.

Abschließend noch eine Anmerkung

Zur Ehrenrettung der Angehörigen der Luftverteidigung muss festgestellt werden, dass ihre Aufgabe im Diensthabenden System (DHS) in erster Linie darin bestand, sofort auf überraschende und gefährliche Anflüge von Luftangriffs- und Aufklärungsmitteln zu reagieren. Diese anspruchsvolle Aufgabe erfüllten sie in den Jahren des Kalten Krieges. Das DHS war weder so konzipiert noch bestand die Notwendigkeit, in Friedenszeiten auch beliebige Kleinflugzeuge unter Kontrolle zu halten bzw. zu bekämpfen, von denen keine militärische Bedrohung ausgehen konnte. Der dafür erforderliche personelle und organisatorische Aufwand wäre enorm und kaum zu rechtfertigen gewesen. Insofern sind die massiven Vorwürfe, die von verschiedenen Seiten im Zusammenhang mit dem Flug von Rust gegen die Luftverteidigungskräfte und die gesamte Armeeführung der Sowjetunion erhoben wurden, nur teilweise berechtigt.

In diesem Zusammenhang stellt sich die Frage: „Was wäre gewesen, wenn die zur Aufklärung eingesetzten sowjetischen MiG-23 mit einem Flugmanöver die Cessna von Rust zum Absturz gebracht oder sie gar abgeschossen hätten? Hätte Gorbatschow danach alle beteiligten Militärs in den Adelsstand erhoben?"

Tödliche Verwechslung oder barbarischer Akt?

Nur fünf Jahre nach den tragischen Ereignissen beim Abschuss der Korean Airlines 007 kam es über dem Persischen Golf zu einem ähnlichen, bis heute nicht restlos geklärten Zwischenfall, bei dem 290 Menschen, darunter 66 Kinder, die an Bord einer iranischen Passagiermaschine waren, den Tod fanden.

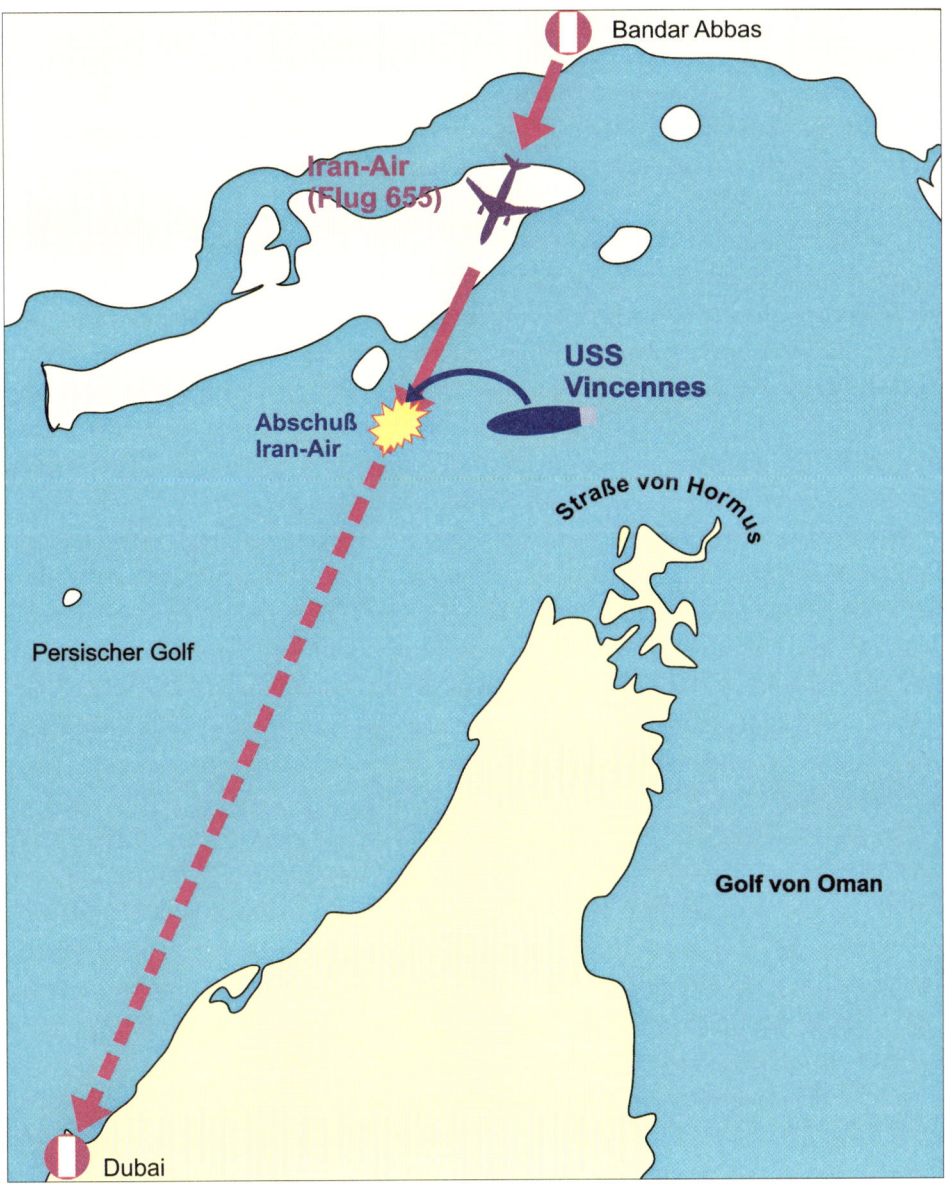

59 – Geplante Flugroute des Iran Air Fluges 655

60 – Airbus A-300 der Iran Air

Zum Hergang: Ein Airbus A-300 der Iran Air (Flug 655) startete am 3. Juli 1988 auf dem Flugplatz des iranischen Badeorts Bandar Abbas zu einem Flug nach Dubai. Für die geringe Entfernung von 210 km und bei einer maximalen Flughöhe von ca. 4500 m hätte das Flugzeug nur 23 bis 25 Minuten benötigt.

Seit geraumer Zeit befanden sich Teile der 5. US-Flotte im Persischen Golf, um kuwaitischen Tankern freie Fahrt zu sichern. Zu den amerikanischen Kampfschiffen gehörte auch die USS Vincennes, der erste Kreuzer der Ticonderoga-Klasse, die mit dem neuartigen Raketensystem „Aegis" ausgerüstet war. Der Kreuzer hatte am Morgen des 3. Juli 1988 in einem Gefecht zwei von drei iranischen Kanonenbooten versenkt und man rechnete deshalb ständig mit möglichen gegnerischen Aktionen. Als sich der Airbus dem Luftraum über dem Kreuzer näherte, wurde er vom Radar der Vincennes erfasst.

Der Transponder der A-300, über den damals bereits alle zivilen Luftfahrzeuge verfügten, gab ein entsprechendes Antwortsignal, das von der USS Vincennes auch empfangen wurde. Das neue Abwehrsystem Aegis stufte den Airbus jedoch als eine feindliche F-14 Tomcat ein. Über Maschinen dieses Typs verfügte auch die iranische Luftwaffe. Die USA hatten an diesem Tag in der Region keine eigenen F-14 im Einsatz. Wie das Funkmesssystem von Aegis in der Lage gewesen sein soll, den Typ eines erfassten Flugzeugs festzustellen, ist allen Experten ein Rätsel.

Die Besatzung in der Operationszentrale des Kreuzers vertraute angeblich dieser Einschätzung des Aegis-Systems und startete auf Befehl von Captain Rogers zwei Raketen vom Typ SM-2, die beide das Flugzeug trafen. Es stürzte noch innerhalb der iranischen Hoheitsgewässer ins Meer. Es gab keine Überlebenden. Im Ergebnis der

61 – Eine F-14 Tomcat

Untersuchung wurde festgestellt, dass

- das Aegis-System fehlerhaft arbeitete,
- die nachrichtendienstlichen Informationen falsch waren und
- die Entscheidungsfindung in der Operationszentrale der USS Vincennes fragwürdig war.

Fragwürdig ist vor allem, warum Captain William C. Rogers nicht den Antwortsi-
gnalen des Airbus-Transponders vertraute, die das Flugzeug als zivile Maschine aus-
wiesen. Er hätte sich auch jederzeit via Kontrollterminal Bandar Abbas oder Dubai
direkt an den Airbus wenden können. So bleiben eigentlich nur zwei Erklärungs-
möglichkeiten: Rogers und seine Crew empfanden eine panische Angst vor einem
Überraschungsangriff auf ihr Schiff und handelten deshalb irrational oder sie haben
den Airbus mit kaltem Kalkül abgeschossen.
Die USA haben bis heute weder einen Fehler eingestanden, noch sich bei den Betroffenen entschuldigt. Mit der Zahlung von 62 Millionen Dollar, die 1996 „ex gratia" (als
Geschenk) erfolgte, sollte die immer noch andauernde Diskussion um den Vorfall
eingedämmt werden. Captain Rogers wurde vom amerikanischen Präsidenten mit
dem Orden „Legion of Merit" für aufopferungsvolle Pflichterfüllung im Einsatz aus-
gezeichnet. Der Verlauf dieses tragischen Falles macht deutlich, dass selbst inmitten
von Gefechtshandlungen eine funktionierende und zeitnahe Aufklärung unerlässlich
ist.

Der 900 km lange Geisterflug einer MiG-23

Am Morgen des 4. Juli 1989, es war ein Dienstag, startete der Oberst der sowjetischen Luftstreitkräfte, Nikolai Skuridin, um 09:14 Uhr mit einer MiG-23M von einem Flugplatz bei Kolobrzeg an der polnischen Ostseeküste zu einem Übungsflug. Gleich zu Beginn des Steigflugs setzte der Nachbrenner aus und die Triebwerksleistung sank rapide. Skuridin nahm an, er habe totalen Triebwerksausfall, schaltete den Autopiloten ein und katapultierte sich mit dem Schleudersitz hinaus. Während er sicher mit dem Fallschirm landete, stabilisierte sich jedoch das Triebwerk wieder und hielt die Maschine in der Luft. Führerlos setzte sie den Flug in Richtung West-Süd-West fort. Dabei waren die Schwenkflügel des Flugzeugs ausgefahren, wodurch ihr aerodynamischer Auftrieb optimal war.

Die MiG-23M behielt ihren nach West-Süd-West gerichteten Kurs bei, überflog zunächst den Nordraum der DDR, dann die BRD, überquerte danach den Süden der Niederlande, um anschließend in den belgischen Luftraum einzudringen. Um 09:40 Uhr fasste eine Radarstation in Lüchow bei Hamburg als erste NATO-Station das ohne Kennung fliegende fremde Flugzeug auf.

Mit einer minutenlangen Verspätung erhielten zwei amerikanische F-15 der 32nd TFS auf der Basis Soesterberg in den Niederlanden das Signal „Alpha Scramble" (Alarmstart höchster Priorität). Als sie um 10:02 Uhr die MiG-23M erreichten, stellten sie fest, dass das Flugzeug ohne Pilot flog. Sie meldeten: „There is definitely no pilot in the airplane" (Da ist definitiv kein Pilot im Flugzeug), und begleiteten

62 – MiG-23

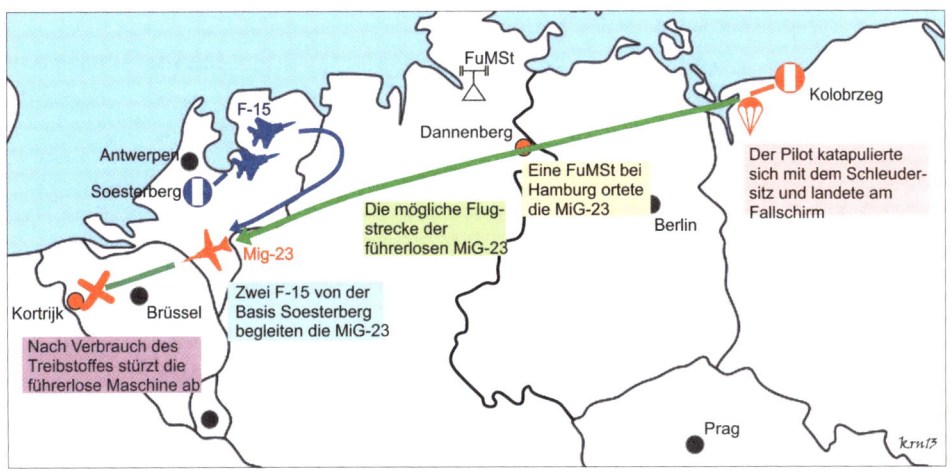

Im Bild folgende Beschriftungen:

FuMSt

F-15

Antwerpen

Soesterberg

Dannenberg

Eine FuMSt bei Hamburg ortete die MiG-23

Kolobrzeg

Der Pilot katapulierte sich mit dem Schleudersitz und landete am Fallschirm

Die mögliche Flugstrecke der führerlosen MiG-23

Berlin

Mig-23

Zwei F-15 von der Basis Soesterberg begleiten die MiG-23

Kortrijk   Brüssel

Nach Verbrauch des Treibstoffes stürzt die führerlose Maschine ab

Prag

krn13

63 – Der Flug der führerlosen MiG-23M über Mitteleuropa

es bis in den belgischen Luftraum. Zu diesem Zeitpunkt war noch nicht klar, ob es sich um eine Luftprovokation, eine Fahnenflucht oder um ein technisches Problem handelte. Die Piloten erhielten die Weisung, die MiG-23M über der Nordsee nach unten zu drängen. Dazu kam es aber nicht mehr, weil sie offensichtlich infolge des ausgehenden Treibstoffs eine leichte Kursänderung nach Süden vollzog.

Nach einem führerlosen Flug von über 900 km stürzte die Maschine, nachdem

64 – Die Absturzstelle in Belgien

ihr Treibstoff vollkommen verbraucht war, um 10:37 Uhr in der Gemeinde Bellegem bei Kortrijk in ein Wohnhaus. Dabei fand der 18-jährige Sohn der Familie Delaere den Tod.

Es dauerte eine gewisse Zeit, bis die Sowjetunion auf den Vorfall reagierte. Gorbatschow, der sich gerade zu einem Staatsbesuch in Frankreich aufhielt, brachte einen Tag später sein Bedauern zum Ausdruck und übermittelte eine Kondolenz. Die belgische Regierung übte Zurückhaltung in ihrer Reaktion. Außenminister van Eyskens sollte eruieren, wie der entstandene Schaden ausgeglichen werden könnte. Dabei diente das Flugzeugwrack als Pfand.

Im November 1989 zahlte die Sowjetunion umgerechnet 625.000 €, von denen der größte Teil an die Familie Delaere ging, deren Haus vollständig zerstört war. Eine Vergütung für den Verlust eines Menschenlebens und das erlittene Leid war nach sowjetischem Recht nicht möglich.

Risiko mit schlimmen Folgen

Seit Jahrhunderten feiert man in China jedes Jahr das Mondfest. Es fällt auf den 15. Tag des achten Monats nach dem alten chinesischen Mondkalender, nach unserem Kalender in die Zeit zwischen Mitte September und Anfang Oktober. Auch heute noch ist es in China ein gesetzlicher Feiertag. 1990 fiel das Mondfest auf den 2. Oktober. An diesem, auch „Mittherbsttag" genannten Tag ist der Mond am tiefsten Punkt seiner Umlaufbahn angekommen und leuchtet in Asien besonders hell. Neben dem Verzehr kleiner gefüllter Gebäckstücke, der sog. Mondkuchen, gehört es in China zu den Gepflogenheiten, zum Mondfest Blumen zu verschenken. Deshalb nahm auch niemand daran Anstoß, als sich der 21-jährige Jiang Xiaofeng kurz nach dem Start des Flugs 8301 mit einem Blumenstrauß ins Cockpit der Boeing 737 begab. Die Maschine der Xiamen Airlines sollte vom Flughafen Beiyun (Weiße Wolke) in Xiamen nach Guangzhou – bei uns besser als Kanton bekannt – fliegen. Die Blumen dienten Jiang allerdings nur als Vorwand, um an den Sicherheitsbeamten vorbei in das Cockpit zu gelangen. In Wahrheit wollte er den Piloten den Sprengstoff zeigen, den er unter seiner Jacke am Körper versteckt hatte. Er forderte, nach Taiwan geflogen zu werden, weil er dort politisches Asyl beantragen wollte. Danach verlangte er, dass außer dem Chefpiloten alle das Cockpit verlassen. Von diesem forderte er, den Kurs zu ändern und nach Taiwan zu fliegen. Der Flugkapitän, Cen Longyu, hatte jedoch keineswegs die Absicht, dieser Forderung nachzukommen. Seine entschiedene Haltung war sicherlich darauf zurückzuführen, dass er zwei Jahre zuvor schon einmal eine Entführung erlebt hatte und gezwungen worden war, nach Taiwan zu fliegen. Nach seiner Rückkehr sah er sich massiven Vorwürfen ausgesetzt, zu nachgiebig gehandelt zu haben. Das wollte er nicht erneut erleben und versuchte alles, um eine Wiederholung zu vermeiden. Er erklärte dem Entführer, dass die Treibstoffreserven nicht ausreichen würden und er keineswegs bis Taiwan kommen könnte. Während der Auseinandersetzung kreiste er ständig im Luftraum über Guangzhou bis es schließlich nicht mehr möglich war, noch einen anderen Flugplatz anzufliegen. Die inzwischen von der chinesischen Regierung erteilte Erlaubnis, auf irgendeinem der Inlandplätze zu landen, kam zu spät. Dennoch schien die Taktik des Piloten aufzugehen.

Als er zur Landung auf dem Flugplatz von Guangzhou ansetzte, versuchte der Entführer, kurz vor dem Aufsetzen der Maschine, das Steuer an sich zu reißen. Durch das Handgemenge schlug die Boeing sehr hart auf, sprang wieder hoch, kam dabei von der Landebahn ab und raste in einen Bereich, in dem mehrere Flugzeuge abgestellt waren. Nachdem die Unglücksmaschine zunächst den Bug einer Boeing 707 streifte, rammte sie eine abflugbereite 757 ziemlich in der Mitte des Rumpfes, drehte sich und blieb brennend auf einem Rasen neben der Abstellfläche liegen. Von den Besatzungsmitgliedern und Passagieren überlebten nur 22 Insassen das Unglück.

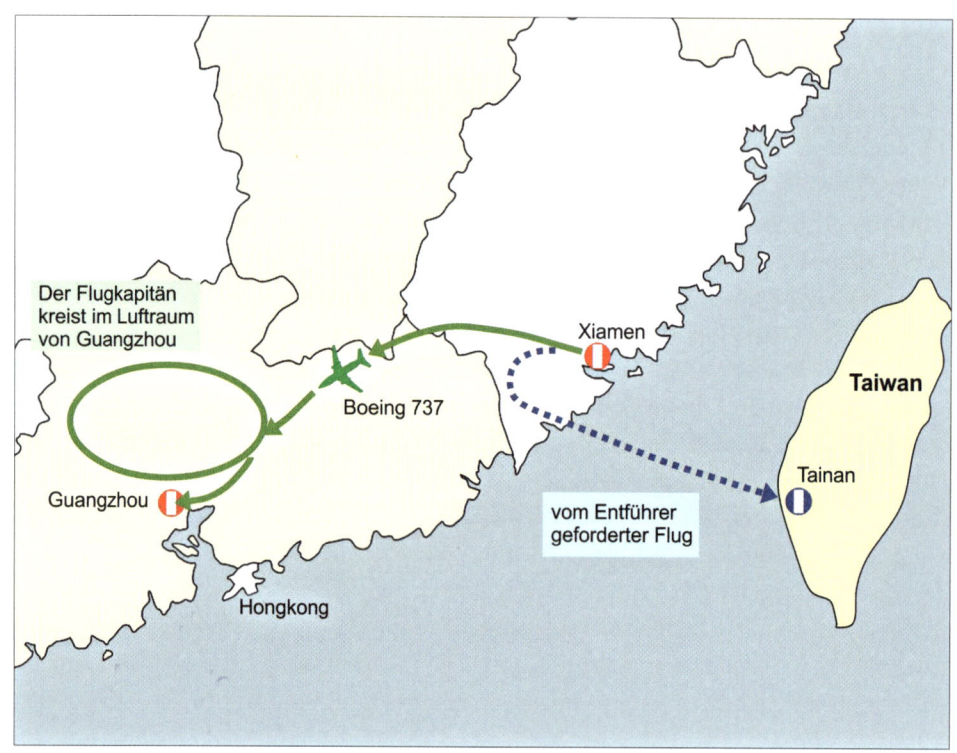

Der Flugkapitän
kreist im Luftraum
von Guangzhou

Xiamen

Taiwan

Boeing 737

Tainan

Guangzhou

vom Entführer
geforderter Flug

Hongkong

65 – Der Verlauf des Fluges 8301

66 – Die Boeing 737 nach der Bruchlandung

An Bord der gerammten Boeing 757 kamen 46 Menschen infolge der Kollision ums Leben. So forderte die Wahnsinnstat eines Einzelnen insgesamt 128 Todesopfer.[40]

Das riskante Verhalten des Flugkapitäns löste nicht nur unter den Piloten weltweit eine heftige Diskussion aus. Wie sich gezeigt hat, kann ein solches Risiko schlimme Folgen haben.

Am Ende des Desasters erwies sich, dass das, was der Entführer am Körper trug, überhaupt kein Sprengstoff war und er die Flugzeugentführung nur unternommen hatte, weil er seiner Firma eine beträchtliche Geldsumme gestohlen hatte.

Nine-Eleven

Unter dieser Bezeichnung kennt inzwischen alle Welt die Anschläge vom 11. September 2001 in den USA. Seitdem wird in den Vereinigten Staaten und weltweit sehr kontrovers über den tatsächlichen Hergang, die Hintergründe und die Drahtzieher der Anschläge gestritten.

Wenden wir uns zunächst der Version zu, die von der US-Administration bis heute vertreten wird. Danach haben an jenem 11. September (im US-Sprachgebrauch „nine-eleven", geschrieben „9/11") insgesamt 19 junge Männer arabischer Abstammung innerhalb einer relativ kurzen Zeit vier große Passagierflugzeuge, die auf Flughäfen der amerikanischen Ostküste gestartet waren, in ihre Gewalt gebracht und zu Terroranschlägen genutzt.

Kurz nach dem Start einer Boeing 757 der American Airlines Flug 11, die um 07:49 Uhr Ortszeit von Boston zu einem Flug nach Los Angeles abgehoben hatte, bemächtigten sich insgesamt fünf Entführer der Maschine, drangen in das Cockpit ein, verdrängten die Besatzung mit Schlagstöcken, Tränengas und Pfefferspray von ihren Plätzen und übernahmen die Steuerung. An Bord befanden sich 11 Besatzungsmitglieder und 76 Passagiere.

Um 08:46 Uhr crashte die Maschine in den Nordturm des World Trade Center in New York.

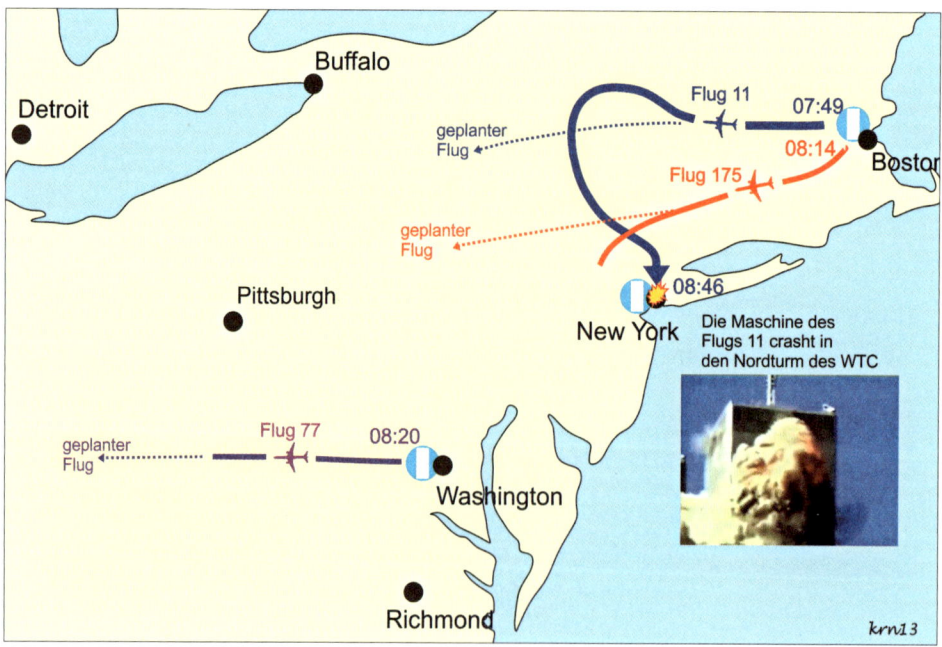

67 – Die Flugroute von Flug 11

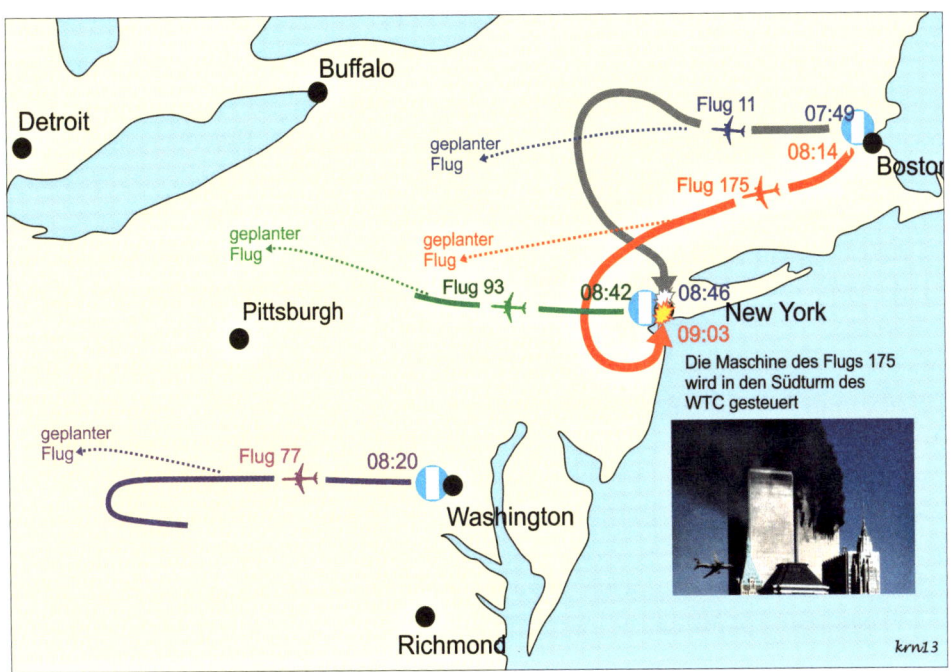

68 – Die Flugroute von Flug 175

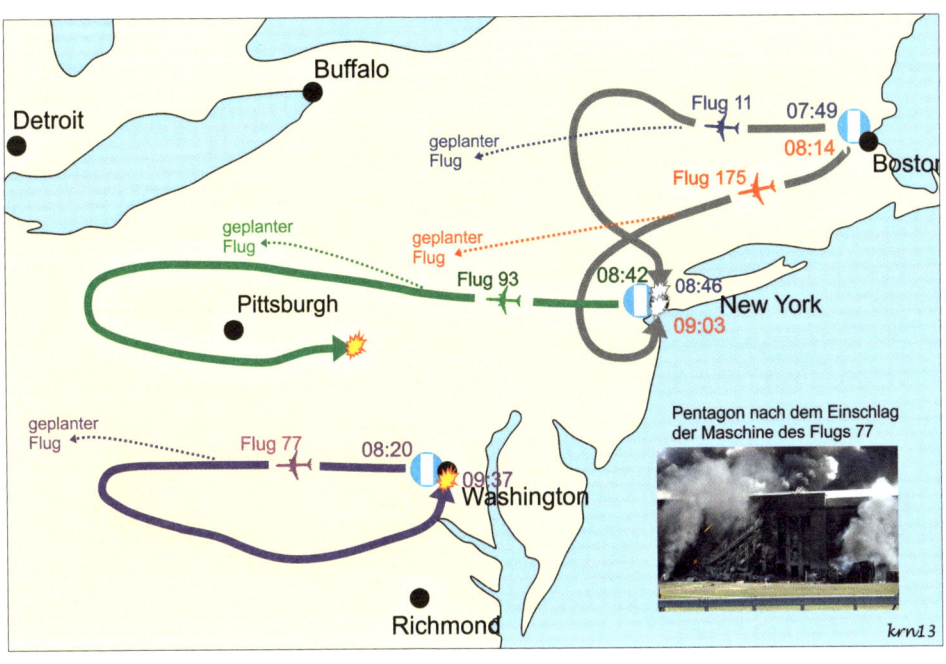

69 – Die Flugroute von Flug 77 und 93

Ebenfalls vom Flugplatz Boston startete um 08:14 Uhr eine Maschine der United Airlines Flug 175 zum Flug nach Los Angeles. Besatzung: 9 Personen, Anzahl der Passagiere: 51. Die fünf Entführer übernahmen unter Anwendung von Gewalt die Steuerung des Flugzeugs, das um 09:03 Uhr in den Südturm des WTC krachte.

American Airlines Flug 77 flog um 08:20 Uhr vom Washington-Dulles-Airport in Virginia nach Los Angeles ab. Neben den sechs Personen der Crew und 53 Passagieren waren fünf Entführer an Bord. Sie verdrängten die Besatzung von ihren Plätzen und flogen die Maschine zum Pentagon, wo sie um 09:37 Uhr einschlug.

Ein viertes Flugzeug, United Airlines Flug 93, verließ den Newark-Airport um 08:42 Uhr zu einem Flug nach San Francisco. An Bord waren eine 7-köpfige Crew, 33 Passagiere und vier Entführer. Es kam zu einer Auseinandersetzung zwischen Passagieren und den Entführern, in deren Folge die Maschine bei der Stadt Shanksville in Pennsylvania abstürzte. Dabei kamen alle Insassen ums Leben.

Bei den Anschlägen gab es nach offiziellen Angaben insgesamt 2996 Tote. So weit die Version der US-Administration.[41]

Was geschah unmittelbar nach den Anschlägen?

Präsident Georg W. Bush, der sich am 11. September 2001 gerade zu einem Besuch in einer Schule in Florida aufhielt, wurde von einem Mitarbeiter seines Stabes mit den Worten „Amerika wurde angegriffen" über den Vorfall informiert. Wenig später startete er an Bord der Air Force One zu einem scheinbar ziellosen Flug. Tatsächlich flog die Präsidentenmaschine aber nach einem geplanten Bewegungsmuster auf einem vorgeschriebenen Kurs, dessen Ziel letztendlich die Offutt-Air-Base in Nebraska war. Dort standen die vier Spezialflugzeuge E-4B vom Typ Boeing 747-200 „Nightwatch" (Nachtwache), die als „National Airborn Operation Center" (fliegende Führungszentrale) ausgestattet waren. Eine dieser Maschinen war immer startbereit. Alle acht Stunden wechselte die aus insgesamt 60 bis 70 Mann bestehende Besatzung. Präsident Bush ging jedoch, aus welchen Gründen auch immer, an diesem Tag nicht an Bord einer „Nightwatch".

Die Anschläge vom 11. September 2001 wurden von der Bush-Regierung zum Anlass genommen, den Kriegszustand auszurufen und ihre Verbündeten laut Artikel 5 des NATO-Vertrags zum militärischen Beistand zu verpflichten.

Nach einem erfolglosen Ultimatum zur Auslieferung Osama Bin Ladens, den man als Verantwortlichen für die Anschläge ausgemacht hatte, bombardierte die US-Luftwaffe ab dem 7. Oktober 2001 Taliban-Stellungen in Afghanistan. Am 13. November 2001 nahm die sog. Nordallianz die Hauptstadt Kabul kampflos ein. Am Ende des Jahres war das Regime von Mullah Omar gestürzt. Seit Dezember 2001 sind auch Soldaten der Bundeswehr im Rahmen von ISAF in Afghanistan im

Einsatz. 2013 wurde der Rückzug beschlossen. Wie er sich vollziehen wird, bleibt abzuwarten.

Schon wenige Tage nach dem 11. September 2001 wurden erste Stimmen laut, die begründete Zweifel an der offiziellen Darstellung äußerten. Ihre Zahl nahm nicht nur in den USA, sondern auch weltweit ständig zu. Neben echten Informationen, die einer Prüfung standhalten, gab und gibt es wilde Spekulationen, und immer wieder kommen neue hinzu. So entstand ein Gespinst aus Fakten, Fiktionen, Lügen und Spekulationen zu den Entführern, ihren Auftraggebern, zur Vorgeschichte und den Folgen, das es auch einem objektiven Beobachter schwer macht, die Dinge richtig zu beurteilen.

Wie mit seriösen Beiträgen zur Wahrheitsfindung umgegangen wird, macht das Beispiel einer Sendung der ARD vom 20. Juni 2003 um 23:00 Uhr im WDR deutlich. Unter dem Titel „Aktenzeichen 11.9. ungelöst" veröffentlichten Willy Brunner und Gerhard Wisnewski die Ergebnisse ihrer jahrelangen Recherchen in einem 43-minütigen Beitrag.[42] Er wurde nur ein einziges Mal gesendet. Die Produzenten wurden entlassen und verloren ihre Lizenz.

Brunner und Wisnewski waren 2003 in die USA gereist, um vor Ort eigene Nachforschungen anzustellen. In Shanksville trafen sie den Bürgermeister der Stadt, der ihnen Rede und Antwort stand. Er schilderte, wie sein Schwager und ein Freund am 11. September 2001 zu einer Stelle außerhalb des Ortes gerufen wurden, wo ein Flugzeug abgestürzt sei. Als sie dort eintrafen, war von einem Flugzeug oder dessen Resten nichts zu sehen. Auf einer relativ kleinen Fläche war lediglich ein etwa 6 m tiefes Loch im Boden mit deutlichen Brandspuren zu erkennen. Reste eines Flugzeugs waren nirgends zu sehen. Später zeigte eine Einwohnerin von Shanksville ein Foto, das sie zufällig aus einer größeren Entfernung in Richtung der vermeintlichen Absturzstelle aufgenommen hatte. Darauf war eine pilzförmige Rauchsäule zu sehen, wie sie nur nach dem Einschlag einer Bombe oder Rakete bzw. einer Sprengung im Boden typisch ist. Die Zweifel, dass hier tatsächlich ein großes Flugzeug aufgeschlagen sei, waren bei allen Augenzeugen erheblich.

Brunner und Wisnewski setzten ihre Recherchen in den folgenden Jahren fort. Dabei stießen sie auf eine Gruppe von Nine-Eleven-Skeptikern, die unter dem Motto „unanswered questions" (unbeantwortete Fragen) immer neue Widersprüche und offensichtliche Lügen in der Darstellung der US-Administration aufdeckten. Sie stellten z. B. die Frage, wie vier Passagiermaschinen ihre vorgeschriebenen Kurse verlassen konnten, ohne dass es bemerkt und darauf reagiert wurde. Die Behauptung, die Terroristen hätten die Transponder der Flugzeuge ausgeschaltet, gibt dafür keine ausreichende Erklärung. Zweifellos verfügt die Luftraumüberwachung der Vereinigten Staaten über alle Voraussetzungen, solche Abweichungen vom normalen Flugregime auch ohne Transponder festzustellen.

Verwunderlich war in diesem Zusammenhang auch, dass ganz schnell nach den

70 – Foto nach dem Einsturz der WTC-Türme

71 – Foto von den Zerstörungen am Pentagon

Anschlägen eine Liste der 19 Entführer vorlag. Auf den offiziellen Passagierlisten sind ihre Namen jedoch nicht aufgeführt. Fünf von ihnen meldeten sich kurze Zeit nach dem 11. September 2001 aus Saudi-Arabien. Kein Wunder also, sagen die Skeptiker, dass an keiner Stelle Leichen der Terroristen gefunden wurden. Die Totenscheine der Entführer sind alle auf den gleichen Namen ausgestellt, einem amerikanischen Synonym, das etwa dem deutschen „Otto Normalverbaucher" gleichkommt. Offen ist auch die Frage, ob die Terroristen überhapt in der Lage waren, einen Jet vom Typ Boeing 757 oder 767 zu fliegen. Angeblich hatten einige von ihnen eine Ausbildung auf kleinen Maschinen absolviert. Mit dieser Qualifikation ist es ausgeschlossen, eine große Passagiermaschine zielgerichtet zu fliegen. Zudem schätzen erfahrene Piloten ein, dass es selbst ihnen nahezu unmöglich ist, einen Düsenjet ohne entsprechende Einrichtungen in ein Hochhaus zu steuern. Dazu müsste im Gebäude ein Funkfeuer installiert sein, das ähnlich funktioniert wie die Landesysteme auf Flugplätzen.

In dem Beitrag „Aktenzeichen 11.9. ungelöst" wird auch die Frage aufgeworfen, ob die Zerstörungen am Pentagon überhaupt durch den Einschlag eines Flugzeugs entstanden sein konnten. Weder im Außenbereich noch im Inneren fanden sich Trümmer bzw. Spuren, die von einem großen Flugzeug stammten. Wäre es ein Flugzeug gewesen, hätte es sich pulverisieren müssen. Sprengmeister und Feuerwerker vertreten nach eingehender Betrachtung der Bilder von der angeblichen Einschlagstelle am Pentagon die Auffassung, es könne sich dabei nur um einen Geschoss- oder Raketentreffer bzw. um eine oder mehrere vorbereitete Sprengungen handeln.

Die Skeptiker von „Unanswered Questions" stellen auch die Frage, ob der Einsturz der beiden WTC-Türme und des dritten WTC-Gebäudes durch die auftreffenden Flugzeuge hervorgerufen wurde. Sie kritisieren die Untersuchungen an den Trümmerteilen als unzulänglich und verweisen auf die Entsorgung der eingestürzten Türme am Ground Zero in Rekordzeit. So seien sehr schnell die Beweise beseitigt worden, mit denen unabhängige Experten die wahren Einsturzursachen hätten ermitteln können. Als Belege für diese Behauptung werden Fotos angeführt, auf denen zu erkennen ist, dass die Bruchstellen der tragenden Stahlsäulen mehrheitlich schräg verlaufen. Genau so werden Schneidladungen bzw. Sprengschnüre angebracht, wenn ein Gebäude gezielt gesprengt wird.

Peter Scholl-Latour, der bekannte Journalist und Schriftsteller, äußert in seinem sechs Jahre nach den Anschlägen vom 11. September 2001 erschienen Buch „Zwischen den Fronten" ungeachtet der Gefahr, sich dem Vorwurf des Antiamerikanismus auszusetzen: „Manches Rätsel bleibt noch ungelöst angesichts der Präzision, mit der die arabischen Piloten zwei schwere Passagiermaschinen an ihrem Ziel zerschellen und explodieren ließen. Dass dieses Verbrechen, das ein hohes Maß an technischer Koordination und eine ganze Serie günstiger Zufälle voraussetzte, überhaupt reüssieren konnte, erscheint weiterhin verwunderlich. (…) Bemerkenswert

72 – Fotos der Stahlsäulen eines WTC-Turmes

ist ebenfalls die exakte Durchführung dieser Selbstmordmission. Unter dem Aufprall der beiden Flugzeuge sind die monumentalen Wolkenkratzer beinahe senkrecht in sich zusammengesackt, wie das bei der sorgfältig vorbereiteten Sprengung eines abbruchreifen Hochhauses geschähe. Die Umgebung blieb weitgehend verschont."[43] Anmerkung des Autors Bernd Biedermann:

Die Original-Fernsehübertragung von den Ereignissen in New York habe ich zufällig zusammen mit Adolf Alexander, dem Gesellschafter des Unternehmens, bei dem ich damals als Geschäftsführer angestellt war, in seinem Haus in Berlin-Dahlem verfolgt. Ich hatte am 11. September 2001 auf der Fahrt von Potsdam zu ihm nach Berlin kurz vor 16:00 Uhr im Radio gehört, was sich gerade ereignete. Über Funktelefon informierte ich ihn darüber. Nach meinem Eintreffen beobachteten wir im Fernsehen, wie sich das 2. Flugzeug gegen ca. 16:15 Uhr MEZ in den Südturm des WTC bohrte. Wir waren beide gleichermaßen fassungslos. Wenig später sahen wir, wie sich in einer Etage von einer Ecke der Längsfront des Turms bis zur anderen aufeinanderfolgende Explosionen ausbreiteten. Die Abstände zwischen den einzelnen Explosionen waren sehr kurz und absolut regelmäßig. „Das ist doch eine vorbereitete, gezielte Sprengung", rief mein Chef aus. Adolf Alexander war im Zweiten Weltkrieg Pionieroffizier und hatte Ende der 1940er-Jahre in Berlin das Unternehmen „Bohr- und Sprenggesellschaft Adolf Alexander" gegründet. Im Laufe der Jahre wurden unter seiner Leitung sehr viele beschädigte Gebäude bzw. Ruinen in Berlin und außerhalb gesprengt. Er zählte unzweifelhaft zu den erfahrensten Sprengmeistern Deutschlands. Sein Sachverstand war auch von Experten hoch geschätzt. Für mich gab es keinen Zweifel daran, dass seine Einschätzung zutreffend war.

Erst ein Jahr nach den Anschlägen wurde eine Untersuchungskommission gebildet, die aus fünf Demokraten und fünf Republikanern bestand. Der als Vorsitzender eingesetzte ehemalige Außenminister Henry Kissinger musste bald zurücktreten, weil er sich weigerte, seine Geschäftsverbindungen zu arabischen Ländern offenzulegen. Den Vorsitz übernahm der Ex-Gouverneur Thomas Kean. Die Kommission legte am 22. Juli 2004 ihren Abschlussreport vor. Darin sind im Wesentlichen keine anderen Erkenntnisse als in den Darstellungen der Bush-Administration enthalten.

Nach Angaben der „World Socialist Web Site"[44] vom 25. Mai 2004 kam es jedoch bei den Anhörungen über den 11. September 2001 zu bemerkenswerten Eingeständnissen höchster Verantwortungsträger der US-Administration. Danach hatten die US-Geheimdienste bereits 1994/95 erste Hinweise erhalten, dass Flugzeuge zur Ausführung von Terroranschlägen eingesetzt werden sollten. 1998 habe eine mit al Qaida verbundene Gruppe erwogen, eine Zivilmaschine in das WTC zu steuern. In den folgenden Jahren gab es weitere Informationen zu ähnlichen Absichten. Diese Fakten haben die Verantwortlichen der Administration, wie Verteidigungsminister Rumsfeld, Sicherheitsberaterin Rice und der ehemalige CIA-Direktor Freeh, zunächst bestritten. Im Verlaufe der Anhörungen erwies sich aber, dass sich die Geheimdienste ab Mitte der 1990er-Jahre darüber im Klaren waren, entführte Flugzeuge könnten wie eine Waffe verwendet werden. Das NORAD (Nordamerikanisches Luftverteidigungs-Kommando) diskutierte wenige Monate vor 9/11 die Möglichkeit, ein entführtes Flugzeug könne in das Pentagon gelenkt werden. Umso unverständlicher ist die Tatsache, dass erst 24 Minuten nach den Einschlägen in das WTC Kampfflug-zeuge vom Luftwaffenstützpunkt Langlay/Virginia starteten, um den Luftraum zu sichern. Von der nahe gelegenen Andrew-Air-Base kam kein einziger Abfänger. Die Erklärung der Verfasser der Webseite lautet: Die Regierung hat die Maßnahmen zur Verteidigung gegen Anschläge absichtlich heruntergefahren, um einen Vorwand für eine weltweite militärische Aggression zu bekommen, wie sie dann in Afghanistan und Irak erfolgten.

Bis heute ist es den Medien gelungen, die offizielle Version der US-Administration aufrecht zu erhalten. Die Wahrheit ist, dass wir bis heute die Wahrheit nicht kennen. Ob die Wahrheit über den 11. September 2001 jemals ans Licht kommt, ist gegen-wärtig nicht vorhersehbar. Angesichts der Aufdeckung der Aktionen der Geheim-dienste der USA und Großbritanniens im Sommer 2013 ist das jedoch nicht mehr auszuschließen.

Ein Luftzwischenfall über dem Baltikum?

Im Herbst 2009 berichteten deutsche Medien über einen Luftzwischenfall, der sich am 15. September 2009 über der Ostsee vor Estland zugetragen haben soll. Wie sich später erwies, gingen die Berichte auf eine Reportage in der Monatszeitschrift des Deutschen Reservistenverbandes „Loyal" zurück.

So wurde der Zwischenfall in den Medien dargestellt:

Zwei Eurofighter des deutschen Kontingents nähern sich einer unbekannten Maschine und versuchen vergeblich, mit ihr Funkkontakt aufzunehmen. Einer der deutschen Piloten fotografiert die russische Maschine. Dann erscheinen zwei russische Kampfflugzeuge vom Typ Su-27 und begleiten das inzwischen als Beriew A-50 erkannte Radar-Frühwarnflugzeug. Die zwei deutschen und die drei russischen Maschinen erreichen über der Ostsee den Luftraum Finnlands und werden dort von finnischen F-18-Jägern abgedrängt.

Diese Darstellung fordert eine Erklärung geradezu heraus. Was hatten Flugzeuge der deutschen Luftwaffe in diesem Gebiet zu suchen? Welchen Auftrag hatten sie und wie lief der Zwischenfall tatsächlich ab?

Seit März 2004 sichern Jagdflugzeuge aus NATO-Staaten den Luftraum über Estland, Lettland und Litauen, da diese drei NATO-Neulinge nicht selbst über Abfangjäger verfügen. Für jeweils drei bis vier Monate übernehmen sie im Wechsel die Luftraumüberwachung. Das Ganze läuft unter der Bezeichnung „Air Policing Baltikum". Dazu sind jeweils vier Flugzeuge eines NATO-Landes in Siaulial/Estland stationiert. Im fraglichen Zeitraum (September 2009 bis Januar 2010) stellten vier F-4

73 – Eine Beriew A-50

Phantom des JG-74 aus Neuburg das Kontingent. Deutsche Eurofighter waren zu keinem Zeitpunkt Bestandteil von Air Policing Baltikum. Die Anwesenheit russischer Flugzeuge in diesem Gebiet ergibt sich vor allem aus der Tatsache, dass Russland seine zwischen Polen und Litauen liegende Exklave Kaliningrad nicht mehr direkt über den Luftraum der baltischen Staaten anfliegen darf.

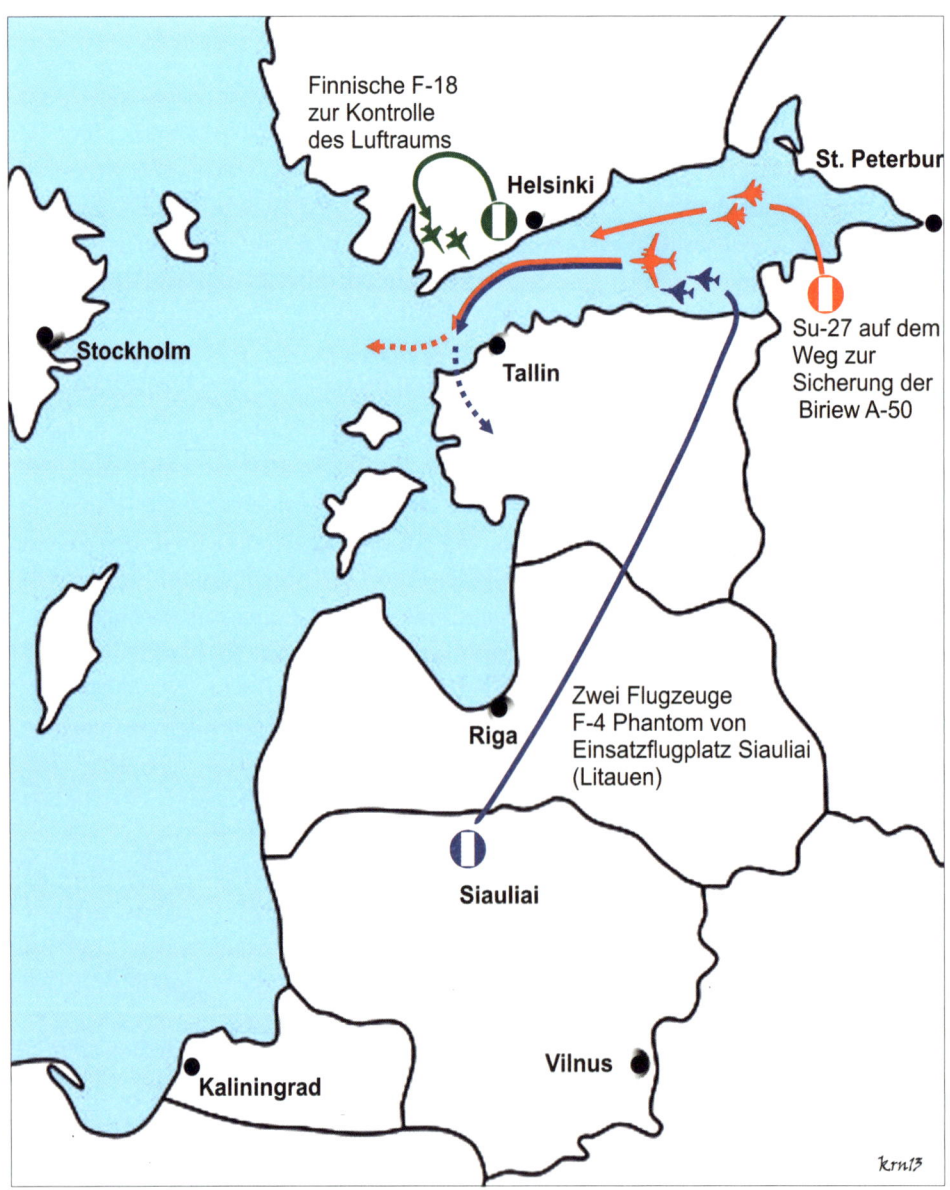

74 – Lageplan der Region mit den drei baltischen Staaten und der russischen Exklave Kaliningrad

Was geschah wahrscheinlich tatsächlich am 15. September 2009?[45]

- Eine russische Berijew A-50 flog, möglicherweise auf dem Weg von St. Petersburg zur russischen Exklave Kaliningrad, im internationalen Luftraum vor der Küste Estlands.
- Die Luftraumüberwachung der NATO erfasste den Flug und stellte eine Annäherung der Maschine an den estnischen Luftraum fest.
- Zwei deutsche F-4 Phantom starteten in Siaulial, um das Flugzeug zu identifizieren.
- Sie erreichten die über der Ostsee fliegende Maschine und fotografierten sie.
- Die zwei Su-27 waren wahrscheinlich von der Besatzung der Berijew zu ihrem Schutz angefordert worden.

Für diese Variante des Verlaufs spricht eine Reihe von Fakten. So haben sich drei der vier involvierten Staaten (Russland, Estland und Finnland) nicht öffentlich zu den dramatisch beschriebenen Ereignissen geäußert. Auch die Luftwaffe der Bundeswehr lässt sich auf ihrer Webseite nicht auf den Vorfall ein. Ein NATO-Sprecher wollte die Ereignisse über dem Baltikum nicht als bewusste Provokation werten. Er verwies darauf, dass es sehr schwierig sei, Landesgrenzen aus der Luft klar zu bestimmen. Demzufolge könne die Berijew A-50 unmittelbar an der estnischen Grenze geflogen sein, ohne dabei das Hoheitsgebiet zu verletzen.

Interessant ist auch, welche Länder sich bisher an Air Policing Baltikum beteiligt haben: Belgien, Dänemark, Großbritannien, Norwegen, Niederlande, Deutschland, USA, Polen, Türkei, Spanien, Frankreich, Rumänien, Portugal und Tschechien. Diese hohe Beteiligung ist offensichtlich nicht nur aus den Bündnisverpflichtungen zu erklären, zumal Frankreich gar nicht Mitglied der NATO-Militärorganisation ist. Vielmehr ist anzunehmen, dass die Führung der jeweiligen Luftwaffen diese Einsätze im Sinne einer realitätsnahen Ausbildung ihrer Flugzeugführer und des anderen Personals nutzen möchte.

Fazit:

Am 15. September 2009 kam es zu einem Zusammentreffen von deutschen und russischen Militärflugzeugen über der Ostsee – nicht mehr und nicht weniger. Ein Luftzwischenfall im Sinne des Wortes war das nicht.

Drohnen, Drohnen und kein Ende

Zur Vorgeschichte

Nach dem Ende des Kalten Krieges und der anschließenden Auflösung des östlichen Staaten- und Militärblocks vollzog sich auch auf dem Gebiet der Luftspionage und -aufklärung ein durchgehender Wandel. Durch die enormen Möglichkeiten der satellitengestützten Aufklärung, die laut geltendem Völkerrecht zwar umstritten, aber bis heute nicht ausdrücklich verboten ist, ging die Bedeutung von Flugzeugen für die Spionage und Aufklärung zunächst zurück. Es zeigte sich allerdings bald, dass bei lokalen Kriegen nicht auf sie zu verzichten war. Deshalb wurden modifizierte Jagd- und Jagdbombenflugzeuge zur Aufklärung eingesetzt. Ein typisches Beispiel ist der „Tornado" (Panavia), der auch die Bezeichnung MRCA (Multi Role Combat Aircraft) trägt. Der Tornado ist seit 1980 als Jagdbomber, Abfangjäger und hauptsächlich als Aufklärungsflugzeug im Einsatz. Nach Ausrüstung mit einem Geländefolgeradar kann die Variante ECR in 60 m Höhe über Grund fliegen und dabei Wärmebildgeräte zur Auffindung von Personen am Boden anwenden. Die normale Rüstvariante verfügt über einen Radarwarnempfänger, Täusch-Antwortsender und Täuschkörperwerfer. Tornados der Bundeswehr kamen mehrfach im Rahmen militärischer Interventionen der NATO zum Einsatz.

Modifizierte Flugzeuge taktischer Bestimmung, die zur Aufklärung eingesetzt werden können, tragen meistens entweder ein R oder ein E in ihrer Typbezeichnung, so z. B. RF-4E, Su-24MR, MiG-25RB, EF-111A u. a.

Moderne Drohnen – ein Ergebnis der Digitalisierung der Technik

Bei den Drohnen, um die es im Weiteren geht, handelt es sich um fern- und/oder programmgesteuerte Fluggeräte unterschiedlicher Bestimmung. Die geläufigsten Abkürzungen im englischen Sprachgebrauch lauten: UAV (unmanned aerial vehicle/ unbemanntes Fluggerät), RPV (remotely piloted vehicle / ferngelenktes Fluggerät) und UCAV (unmanned combat air vehicle / unbemanntes Kampffluggerät). Wie rasant die Entwicklung von Drohnen verläuft, wird auch daran deutlich, dass bei der US Air Force jetzt bereits mehr Soldaten für die Bedienung solcher Fluggeräte ausgebildet werden als Flugzeugpiloten.

Mit der Einführung von Drohnen haben sich auch neue, effektive Spionage- und Aufklärungsmöglichkeiten ergeben. Die anfangs relativ kleinen Drohnen konnten durch die Miniaturisierung der Bauteile bald ausreichend viel Ausrüstung tragen, um nicht nur eine Vielzahl von Objekten aufzuklären und zu überwachen, sondern auch die Ergebnisse in Echtzeit an den Operator zu senden. Die Bundeswehr hat bereits während des Kosovo-Krieges in den Jahren 1998/99 Drohnen vom Typ CL 289 zur Aufklärung eingesetzt. Seit 2000 gehört die LUNA zur Ausrüstung der Heeresaufklärung, die durch weitere Typen ergänzt wird.

75 – Euro-Hawk

Nachdem das größte Drohnenprojekt der Bundeswehr, der Euro-Hawk, im Mai 2013 eingestellt werden musste, wird zu klären sein, wer die Verantwortung dafür zu tragen hat. Wie sich bei den parlamentarischen Untersuchungen zeigte, gab es jedoch nicht nur mit dem Euro-Hawk ernsthafte Probleme. Seit 2003 hatte die Bundeswehr den Absturz bzw. den Verlust von 137 Drohnen zu verzeichnen. Kosten etwa 100 bis 110 Mio. Euro. Obwohl bei dem Desaster mit dem Euro-Hawk mindestens noch einmal 600 Mio. Euro in den Sand gesetzt wurden, will die Bundeswehrführung an der Entwicklung und Beschaffung von Drohnen unterschiedlicher Größe und Bestimmung festhalten.

Zu rechtlichen und moralischen Fragen des Drohneneinsatzes

Der Einsatz von Drohnen im Luftraum von Ländern, die sich nicht im Kriegszustand mit einem anderen Staat befinden, verletzt nach geltendem Völkerrecht die Souveränität eines Landes und ist deshalb streng genommen nicht zulässig. Gleichwohl sind Drohnen in den letzten Jahren auch bei Konflikten unterhalb der Schwelle eines Krieges scheinbar zu legitimen Einsatzmitteln geworden.

Am 12. März 2013 hatte ein iranisches Kampfflugzeug F-4 „Phantom" im Persischen Golf die Verfolgung einer amerikanischen Predator-Drohne aufgenommen. Nach Angaben des US-Verteidigungsministeriums hat der iranische Pilot versucht, die Drohne abzuschießen. Er habe erst abgedreht, als zwei US-Jets der Drohne zu Hilfe kamen und Leuchtspurgeschosse abfeuerten. Danach haben sie die Drohne zurück zum US-Stützpunkt eskortiert. Laut Pentagon-Sprecher George Little sei die Drohne auf einem „geheimen Routine-Aufklärungsflug" über internationalen Gewässern gewesen.[46]

Den taktischen Einheiten der US-amerikanischen Truppen, die sich im Auslandseinsatz befinden, steht z. B. seit einiger Zeit eine Mini-Drohne zur Nahaufklärung zur Verfügung. Das Fluggerät wiegt nur ein Kilo. Die Einzelteile sind in einem Kunststoffkoffer der Größe von etwa 50 x 50 cm verpackt. Sie können in wenigen Minuten zusammengebaut und sofort gestartet werden. Die Steuerung erfolgt mit einer Konsole, die der von Computerspielen sehr ähnlich ist. Die Drohne ist mit zwei Kameras und mehreren Sensoren bestückt. Der Operator kann während des Fluges die Aufnahmen der Kameras auf einem Bildschirm sehen und auswerten. Nach der Mission wird die Drohne wieder an ihren Ausgangspunkt zurückgeleitet.

Wenn Drohnen allerdings mit Waffen bestückt sind und zur Bekämpfung von Einzelzielen oder Personen eingesetzt werden, erhält das Ganze eine kritische Zuspitzung. Dazu brachte die Berliner Zeitung einen Beitrag von Damir Fras, in dem beschrieben wurde, wie die CIA einen Drohnenkrieg von einem unbekannten Standort auf der arabischen Halbinsel führt.[47] Laut New York Times wurde die seit zwei Jahren bestehende Basis erstmals im September 2011 genutzt, um den mutmaßlichen Al-Kaida-Anführer Anwar al-Awlaki, der sich im Jemen aufhielt, per Drohne zu töten.

Mehrere US-Zeitungen hatten wohl Kenntnis von dem Stützpunkt, berichteten aber auf Bitten der Regierung nicht darüber. Die Tötung Awlakis, der die Staatsbürgerschaft der USA besaß, hatte zu einer Kontroverse im Senat geführt. Die Regierung verteidigte den Einsatz. Obamas Sprecher Jay Carney sagte: „Diese Angriffe sind legal, sie sind ethisch korrekt, und sie sind klug." Bürgerrechtsgruppen und Rechtsexperten widersprachen. Solche Angriffe seien nicht mit der Verfassung vereinbar.

Völkerrechtlich ist zwischen Kampfeinsätzen innerhalb eines bewaffneten Konflikts und außerhalb eines solchen zu unterscheiden. Die USA haben Kampfdrohnen bisher außer im Jemen, auch in Pakistan und Afghanistan eingesetzt. Allein in Afghanistan wurden im Laufe des Jahres 2012 insgesamt 506 Raketen von Drohnen auf Ziele am Boden abgefeuert. Dabei kamen auch unbeteiligte Zivilisten und Kinder ums Leben.

Wie rasant die Entwicklung auf dem Gebiet von Drohnen verläuft, wird an dem Beispiel des autarken Kampfjets X-B47B von Northrop Grumman deutlich. Nach seinem Erstflug im Februar 2011 erfolgte der erste Start vom Deck eines Flugzeugträgers im Mai 2013 und bereits im Juli desselben Jahres landete eine X-B47B auf einem Flugzeugträger.

Das folgende Szenario macht deutlich, dass die Menschheit einem Zeitalter perfider Kriegführung entgegengehen könnte. Daran ändert auch die These nichts, wonach Waffen ethisch betrachtet stets neutral sind. Sie sind es nicht! Solche Waffen, wie Streubomben, angereicherte Uranmunition, Anti-Personen-Minen und chemische Kampfstoffe sind nicht ohne Grund heute schon geächtet.

Hier die Beschreibung eines Drohneneinsatzes, wie er heute bereits realisiert wird: Nachdem der Präsident oder der Oberbefehlshaber das oder die Ziele zum Angriff freigegeben hat, werden die Drohnen von den Operatoren, die in einem sicheren Un-

76 – Aufklärungsdrohne RQ-2 Pioneer

77 – US-Kampfdrohne MQ-1 Predator"

78 – Erfolgreiche Landung einer X-47B am 10. Juli 2013 auf dem Flugzeugträger USS George W. Bush

terstand vor ihren Bildschirmen und Steuergeräten sitzen, gestartet. Dabei kann sich die Operationszentrale in der Nähe des Schauplatzes der Kampfhandlungen befinden oder auch sehr weit davon entfernt. Der Startplatz der Drohnen liegt gewöhnlich in einer taktisch günstigen Entfernung vom Kriegsgebiet. Wenn die Koordinaten der Ziele genau bestimmt sind, werden sie von den Drohnen programmgesteuert angeflogen. Ansonsten können sie auch durch den Operator ferngesteuert werden. Er wird mithilfe der Bilder auf seinen Sichtgeräten die Waffen einsetzen und einschätzen, welche Wirkung sie erzielt haben. In jedem Fall hat er die Möglichkeit, nach der Meldung an seine Vorgesetzten den Dienst zu beenden, sich zu duschen oder in eine Sauna zu gehen und anschließend in aller Ruhe eine Mahlzeit einzunehmen. Nach einigen Stunden Schlaf kann er sich dann erneut an sein Pult setzen und den nächsten Angriff starten.

Ein Zwischenfall am Rande des Geschehens

Während einer Wahlkampfveranstaltung der CDU am 15. September 2013 vor der Frauenkirche in Dresden flog eine etwa 40 cm große Drohne direkt auf die Tribüne zu und stürzte unmittelbar vor Bundeskanzlerin Merkel und Verteidigungsminister de Maizière ab. Ein Sicherheitsbeamter nahm das Fluggerät auf und entfernte es rasch. Später erklärte die Piratenpartei, dass es sich um eine von ihr gesteuerte Aktion handelte. „Das Ziel des Einsatzes war, der Kanzlerin und dem Verteidigungsminister ein Gefühl zu vermitteln, wie es ist, plötzlich selbst von einer Drohne beobachtet zu werden." Gegen den 23-jährigen Betreiber der Minidrohne wurde ein Ermittlungsverfahren eingeleitet.

Bei der Untersuchung der Drohne erwies sie sich als völlig ungefährlich. Was aber, wenn es nicht so gewesen wäre?

Am 30. Oktober 2013 war im Internet die folgende Meldung zu lesen: General-bundesanwalt Harald Runge prüft seit Monaten ein mögliches Ermittlungsverfahren gegen die USA. Danach waren US-Soldaten von Stuttgart und Ramstein aus durch Drohnenangriffe maßgeblich in gezielte Tötungen von Verdächtigen in Afrika eingebunden.[48]

Nach einer Meldung von Spiegel Online[49] will die Firma Lockheed Martin eine Drohne bauen, die auf 6-fache Schallgeschwindigkeit beschleunigen kann. In dem Projekt, das die Bezeichnung SR-72 trägt, soll eine Kombination von Staustrahl- und Scramjet-Triebwerken zum Einsatz kommen. Ein erster Prototyp der SR-72 könnte 2018 produziert werden. Mit der Einsatzreife sei frühestens 2024 zu rechnen.

Am 30. Oktober 2013 war im Internet folgende Meldung zu lesen: Generalbun-desanwalt Harald Runge prüft seit Monaten ein mögliches Ermittlungsverfahren gegen die USA. Danach waren US-Soldaten von Stuttgart und Ramstein aus durch Drohnenangriffe maßgeblich in gezielte Tötungen von Verdächtigen in Afrika einge-bunden. (Quelle: UPI/imago und Westdeutsche Allgemeine Zeitung)

Nach einer Meldung von SPIEGEL ONLINE vom 2. November 2013 will die Firma Lockheed Martin eine Drohne bauen, die auf sechsfache Schallgeschwindig-keit beschleunigen kann. In dem Projekt, das die Bezeichnung SR-72 trägt, soll eine Kombination von Staustrahl- und Scramjet-Triebwerken zum Einsatz kommen. Ein erster Prototyp der SR-72 könnte 2018 produziert werden. Mit der Einsatzreife sei 2024 zu rechnen.

Laut einer Internet-Meldung vom 4. November 2013 hat die CIA seit 2004 mit unbemannten Flugobjekten mindestens 2500 Menschen getötet, davon über 400 Zi-vilisten. Der Friedensnobelpreisträger Barack Obama genehmigte allein bisher 326 Drohnenangriffe in Pakistan. Am 2. November 2013 wurde dort der Taliban-Führer Hakimullah Mehsud durch eine US-Drohne getötet.

Wie erst Jahre später bekannt wurde, war es schon am 30. August 2004 über Kabul zu einem Beinah-Zusammenstoß einer Luna-Drohne der Bundeswehr mit einem afghanischen Passagierflugzeug gekommen. Auf den Videobildern der Drohne ist deutlich zu erkennen, dass die Luna den entgegenkommenden Jet nur um wenige Meter verfehlte. Danach stürzte die Drohne ab. Bereits damals hätte klar werden müssen, dass ein Antikollisionssystem für Drohnen unter solchen Einsatzbedin-gungen unerlässlich ist. Warum bei der Entwicklung des Projekts Global Hawk dieser Aspekt nicht beachtet wurde, ist unverständlich.

In der Talkshow „Beckmann" der ARD am 28. November 2013 zum Thema „Ge-heimer Krieg" nahmen der Journalist John Goetz, Prof. Dr. Thilo Marauhn, Oberst-leutnant a. D. Ulrich Scholz, Prof. Weidenfeld, Imke Dießen von Amnesty Internati-onal und Brandon Bryant, ehemalige Drohnenpilot der USA, an der Diskussion teil.

Nach Recherchen des Journalisten John Goetz befindet sich seit Jahren eine Ein-satzzentrale des geheimen Drohnenkrieges der USA in Deutschland. Es handelt sich

Dronen Operationscenter in Ramstein

um das Air and Space Operation Center in Ramstein. Dort laufen nicht nur relevante Informationen aus aller Welt zusammen, von dort werden auch Angriffe mit Drohnen befehligt und geführt.

Brandon Bryant, der nach sechs Jahren Dienst als Drohnenpilot psychisch so erschöpft war, dass er ausschied, schilderte, wie seine Tätigkeit ablief. „Du sitzt in einer Box, bist nicht direkt vor Ort, siehst aber, was da geschieht. Du beobachtest, wie die Leute sich bewegen, ihren Kindern beim Spielen zuschauen, wie Autos ankommen und Personen sich treffen. Die Infrarotkameras liefern oft nur schlechte Bilder. Die Entscheidung darüber, was zu geschehen hat, trifft ein anderer, der die gleichen Bilder sieht wie Du. Man hat uns gesagt ‚Euer Job ist es, Leute zu töten oder Ziele zu vernichten'. Es war quasi mein Arbeitsplatz."

Unter der Überschrift „Bundeswehrverband fordert Kampfdrohnen zum Schutz von Soldaten" meldete die Zeitung „Die Welt" am 2. Januar 2014, der neue Bundesvorsitzende, Oberstleutnant André Wüstner, habe diese Forderung formuliert. Am gleichen Tag brachte „SPIEGEL ONLINE" unter der Überschrift „Bundeswehrverband drängt auf Kauf von Kampfdrohnen" folgende Meldung: „Der Bundeswehrverband hat die Anschaffung von Kampfdrohnen zum Schutz der eigenen Soldaten gefordert." Der neue Verbandschef André Wüstner sagte: „Wenn Soldatinnen und Soldaten in den Einsatz geschickt werden, dann muss ihnen auch das Optimum an Ausrüstung zur Verfügung gestellt werden." Auch der Wehrbeauftragte des Bundestags, Hellmut Königshaus, forderte, die Schutzfunktion von unbemannten Kampfflugzeugen in der Debatte stärker zu berücksichtigen. Man dürfe die Soldaten „nicht schutzlos lassen". Allerding dürften die ethischen Fragen in der Debatte nicht zu kurz kommen.

Der Kommandeur der deutschen Afghanistan-Truppe setzt sich ebenfalls für die Anschaffung von Kampfdrohnen ein. Generalmajor Jörg Vollmer sagte: „Ich halte das unverändert für ein Mittel, das bestmöglich den Schutz unserer Soldaten gewährleistet."

Nach Informationen von SPIEGEL ONLINE soll 2014 eine Entscheidung darüber fallen, welches Modell gekauft wird. Als Favoritin gilt die amerikanische „Reaper".

Die Autoren sind sich darüber im Klaren, dass die Tragweite der weiteren Entwicklung und des Einsatzes autonom- oder ferngesteuerter Waffensysteme und Geräte wie der Drohnen zum gegenwärtigen Zeitpunkt noch längst nicht absehbar ist. Es ist davon auszugehen, dass sie eine zunehmende Rolle sowohl in Konfliktsituationen als auch in Kriegen spielen werden.

Ohne eine umfassende Beurteilung der zu erwartenden weiteren Entwicklung dieser Mittel, die völkerrechtliche und ethische Fragen einschließt, kann es keine verantwortbare politische Entscheidung geben.

Anlagen

Spezielle Aufklärungsflugzeuge der USA, Frankreichs, Großbritanniens und der BRD in Europa

Die luftgestützte Aufklärung spielte während des Kalten Krieges eine bedeutende Rolle im System der strategischen und taktischen militärischen Aufklärung der führenden NATO-Staaten, insbesondere der USA. Das resultierte nicht zuletzt daraus, dass es den westlichen Geheimdiensten nicht gelang, im Bereich der Human Intelligence (Humint) im erforderlichen Umfang Informationen über den potenziellen Gegner zu beschaffen. Unter Humint versteht man den gesamten Bereich der Beschaffung von Informationen durch menschliche Quellen. „Humint basiert auf dem Funktionsmodell, dass Führungsorganisationen von ihrem Territorium aus Personen in fremden Territorien zur Informationsbeschaffung einsetzen."[50] Diese Art der Aufklärung gewährleistet mit entschieden geringerem Aufwand und höherer Verifizierbarkeit, rechtzeitig und vorausschauend die erforderlichen Informationen über den potenziellen Gegner zu beschaffen. Die Nachrichten- und Geheimdienste der Sowjetunion, der DDR und anderer Staaten des Warschauer Vertrags waren auf diesem Gebiet außerordentlich erfolgreich. Wahrscheinlich hielten sich auch deshalb ihre Anstrengungen im Bereich der luftgestützten Aufklärung in Grenzen. In Europa setzten vor allem die USA, Frankreich, Großbritannien und die Bundesrepublik spezielle Flugzeuge zur Aufklärung ein. Die wichtigsten werden hier genannt.[51]

USA:
Lockheed TR-1A / U-2R
Das 17. Aufklärungsgeschwader (17th RW) wurde 1982 in Alconbury/GB stationiert. Es unterstand der 7. Division des Strategischen Bomberkommandos (SAC). Als Einsatzstaffel fungierte die 95. Aufklärungsstaffel (95th RS), die mit der TR-1A, einer taktischen Version der U-2, ausgerüstet war. Sie flog Einsätze entlang der Grenze zur DDR und CSSR, um eventuelle Bedrohungsanzeichen in Echtzeit zu erfassen. Mitte 1996 wurde die 17th RW deaktiviert, die 95th RS in die USA verlegt und der 9th Strategic Reconnaissance Wing unterstellt. Später wurde die TR-1A in U-2R umbenannt.

Boeing RC-135
Die verschiedenen Modifikationen der RC-135 waren alle von der Passagiermaschine Boeing 707 abgeleitet. Während des Kalten Krieges waren ständig RC-135-Aufklärungsmaschinen der USA in Mildenhall/GB disloziert (55th Reconnaissance Wing aus Nebraska/USA). Sie flogen Einsätze in der Barentssee und über dem Mittelmeer. Hauptsächlich eingesetzt wurde der Typ RC-135 V/W „RIVET JOINT", in dem 27 Operateure arbeiteten.

79 – Lockheed TR-1A/U-2R

80 – Boeing RC-135

Lockheed SR-71A

Die „Blackbird" (Schwarzer Vogel) genannte zweisitzige Maschine war ein extrem schnell und hoch fliegender Aufklärer. Ihr Heimatstandort war die Air Force Base/ AFB Beale in Kalifornien/USA. In Europa eingesetzte Maschinen standen ebenfalls in Mildenhall. Sie waren von 1982 bis 1989 als Teil der 9th Strategic Reconnaissance Wing der 95th RW zugeordnet.

Zur Überwachung des Warschauer Paktes wurden drei Routen geflogen:

1. Northern Route (Barentssee mit Schwerpunkt Raum Murmansk)
2. Route No. 2 (entlang der Ostseeanrainerstaaten des Warschauer Vertrags)
3. Route No. 5 (entlang der Grenzen zur DDR und CSSR)

Kurz nach der permanenten Stationierung von zwei SR-71 im Frühjahr 1984 in Europa erhielt die 16. Luftarmee der GSSD eine Staffel MiG-25PD. Sie wurde auf dem Flugplatz des Jagdfliegerregiments 787 in Finowfurt stationiert. Die MiG-25PD war in der Lage, die SR-71 abzufangen.[52] Der letzte Einsatz einer SR-71 von Mildenhall aus fand im November 1989 statt. Die letzte Maschine dieses Typs wurde im Januar 1990 in die USA zurückverlegt.

81 – Lockheed SR-71B mit doppeltem Cockpit

Lockheed C-130E
Maschinen dieses Typs kamen von 1977 bis 1991 sowohl in den Luftkorridoren als auch in der Kontrollzone Berlin zum Einsatz. Sie waren bei der 7575th Operations Group auf der Rhein-Main-Airbase in Frankfurt a. M. stationiert. Mit den C-130E „Herkules" wurde neben der Funk- und Funktechnischen Aufklärung auch Fotoaufklärung betrieben. Wiederholt konnte beobachtet werden, wie sie in geringer Höhe mit geöffneter Heckklappe im Luftkorridor Berlin – Hamburg – Berlin flogen.

Lockheed Orion EP-3E
Bei diesem Flugzeug handelt es sich um eine landgestützte Variante der P-3 Orion der US Navy. Zwei größere Radome unter dem Rumpf und eine Antennenverkleidung auf dem Rumpf weisen darauf hin, dass die EP-3E hauptsächlich zur Funk- und Funkmessaufklärung bestimmt war. In Europa waren diese Maschinen von 1971 bis 2005 in Rota/Spanien stationiert. Danach wurden sie nach Whidbey/Island verlegt.

Beechcraft RC-12
Es handelt sich um eine militärische Version der Verkehrsmaschine Beechcraft King Air A200. Als „Guardrail Common Sensor" war sie während des Kalten Krieges von der US Army auch in Deutschland stationiert worden und zur Funk- und Funkmessaufklärung eingesetzt. Sie sollte den Korps-Kommandeuren Aufklärungsinformationen in Echtzeit zur Verfügung stellen. Einige Maschinen sind noch immer als Bestandteil des 1st Military Intelligence Battailon auf dem Flugplatz der US Army bei Wiesbaden stationiert.

82 – Lockheed C-130E Herkules

83 – Lockheed Orion EP-3E

84 – Beechcraft RC-12N

85 – Grumman OV-1 Mohawk

Grumman RV-1 / OV-1

Die OV-1 „Mohawk" wurde ursprünglich zur Gefechtsfeldüberwachung entwickelt und eingesetzt. Mitte der 1970er-Jahre entstand zur Funk- und Funkmessaufklärung die Version RV-1D. Die Besatzung bestand nur aus dem Piloten und einem Systembediener. Stationiert waren die Mohawks ebenfalls beim 1st Military Intelligence Battailon in Wiesbaden sowie beim 2nd Military Intelligence Battalion auf dem Flugplatz Stuttgart-Echterdingen. Ihre Flüge führten hauptsächlich entlang der Grenzen zur DDR und CSSR.

Frankreich:

Nord N 2501G

Bei der Nord Noratlas.N 2501G „Gabriel" handelt es sich um die erste Maschine der französischen Armee zur Funk- und Funkmessaufklärung. Mit insgesamt acht Exemplaren, die ab 1964 zunächst in Lahr/BRD, später in Metz/FR stationiert waren, wurden Einsätze über der Bundesrepublik und der Ostsee, aber auch in den Luftkorridoren geflogen. Ab 1989 wurden die N.2501G durch eine Version der C-160 „Transall", der C 160G „GABRIEL" ersetzt. Die Noratlas.N 2501 war auch in der Luftwaffe der BRD vorhanden. Eine dieser Maschinen ist in Gatow ausgestellt. Kennung 99+14.

Transall C-160G

Die Transall C-160G wurde als Nachfolger der N 2301 G „Gabriel" ebenfalls mit dem Beinamen „Gabriel" versehen. Sie kam im Juli 1989 erstmals bei Missionen über Zentraleuropa, der Ostsee und der Bundesrepublik sowie in den Luftkorridoren zum Einsatz. Die Transall-Gabriel war leicht an den fünf Antennen auf der Rumpfoberseite und dem ausfahrbaren Radom unter dem vorderen Rumpf zu erkennen. Es wurden nur zwei Maschinen beschafft.

Douglas DC-8-33

Sie wurde in typisch französischer Art mit einer speziellen Abkürzung benannt: „Sarigue" (Systeme Aeroporte de Recueil d'Informations de Guerre Electronique = Luftgestütztes System der Elektronischen Kampfführung zur Informationssammlung). Sie wurde 1977 in Dienst gestellt. Die Crew soll aus 16 bis 20 Mann bestanden haben. Die Sarigue war zunächst bei der Elektronik-Staffel EE 51 „Aubrac" in Brétigny, ab 1977 in Evreux bei Paris stationiert. Ihre Einsatzgebiete waren ebenfalls Westdeutschland und die Ostsee. Seit 2004 steht die Maschine im Luft- und Raumfahrtmuseum in Paris-Le Bourget.

86 – Nord Noratlas.N 2501G „Gabriel"

87 – Eine Transall C-160 der Bundeswehr

88 – Douglas DC-8-33 Sarigue

Douglass DC-8-721

Die DC-8-721 kam als Ersatzmaschine unter dem Namen „Sarigue NG" Anfang 2001 zum Einsatz. NG steht für Nouvelle Génération (Neue Generation). Sie stand ebenfalls in Evreux. Im Herbst 2004 wurde entschieden, die offensichtlich zu schwere Maschine aus Sicherheitsgründen nicht mehr einzusetzen.

Großbritannien:

BAe Nimrod R Mk1

Die Nimrod war auf der Basis des Passagierflugzeugs De Haviland DH 106 Comet 4 als SIGINT-Version (Funk- und Funkmessaufklärer) entstanden. Die R Mk1 flog am 3. Mai 1974 bei der 51. Staffel vom Flugplatz Wyton einen ersten Einsatz. Im Unterschied zu anderen Versionen von Nimrod-Maschinen hatte die R Mk1 am Heck eine markante Verlängerung mit einem Radom am Ende. Weitere Ausrüstung war im zentralen Rumpfteil untergebracht. Beschafft wurden nur drei Maschinen. Sie trugen die Kennungen: XW664, XW665 und XW666. Im Laufe der Jahre wurden sie vielfach modifiziert, was auch zu optischen Unterschieden der drei Maschinen führte. Die SIGINT-Crew soll bis zu 24 Mann betragen haben. Während eines Testflugs über der Nordsee ging am 16. Mai 1995 eine R Mk1 (Kennung XW666) verloren. Sie wurde durch eine umgerüstete Nimrod MR2 ersetzt. Der letzte Einsatz einer Nimrod R Mk1 fand am 28. Juli 2011 statt. Als Ersatz sind drei neue RC-135 RIVET JOINT vorgesehen.

89 – BAe Nimrod R Mk1

Bundesrepublik Deutschland
Breguet BR.1150 Atlantic „Peace Peek"

Bei der Breguet Atlantic handelte es sich um die Spezialversion eines Marineflug-
zeugs für die U-Boot-Jagd (MPA – Maritim Patrol Aircraft). 1966 beschaffte die
Bundesrepublik davon 20 Stück, von denen fünf für die Funk- und Funktechnische
Aufklärung umgerüstet wurden. Sie wurden in Nordholz beim Marinefluggeschwa-
der 3 „Graf Zeppelin" stationiert und kamen ab 1971 vorrangig in der östlichen Ostsee zum Einsatz. Die Ausmusterung begann 1992, die letzte einsatzfähige BR.1150
flog am 20. Juni 2010.

HFB 320M Hansajet ECM

Die HFB 320M war von MBB als Geschäftsreiseflugzeug konzipiert worden. Die
Bundeswehr beschaffte insgesamt 16 Hansajets, die ab Februar 1966 zuliefen und
für den Einsatz als VIP-Maschinen bei der Flugbereitschaft Köln-Wahn vorgesehen
waren. Sieben davon wurden auf den ECM-Standard (Electronic Counter Measure/
Funktechnische Gegenwirkung) umgerüstet und als 3. Staffel beim Jabo-Geschwader
32 in Lechfeld disloziert. Die Maschinen dienten als Eloka-Ausbildungsflugzeuge. Sie
wurden auch „fliegende Klassenzimmer" genannt. Ihre Kennungen waren: 16+01 bis
16+08 und 16+21 bis 16+28.

90 – Breguet BR.1150 Atlantic

91 – HFB Hansajet 320M ECM

Der Flug von Mathias Rust – Die Geschichte des Verrats in der Regierung der UdSSR

Iwan Gladilin

Heute — 25 Jahre nach dem Tag der Landung des deutschen Amateurfliegers an der Mauer des Kreml

Heute ist der 25. Jahrestag der Landung des deutschen Fliegers Mathias Rust ganz im Herzen Moskaus an der Mauer des Kremls. Sein Flug am 28. Mai 1987 von Finnland nach Moskau, den unsere Luftverteidigung nicht unterbunden hat, wurde zu einem der Meilensteine des Zerfalls der Großmacht Sowjetunion. Das mächtige und nach damaligen Gesichtspunkten vollendete System der Luftverteidigung vermochte es nicht, das kleine, einmotorige Flugzeug abzufangen, das von einem Amateur geflogen wurde. Wie konnte das geschehen? Leider wurden viele Umstände in den letzten 25 Jahren sorgfältig verdeckt. Um so mehr kommt man mit den Jahren zu dem Schluss, dass jener „Durchbruch" durch das sowjetische System der Luftverteidigung vom Zusammenbruch der gesamten sowjetischen Ordnung zeugte und tatsächlich eine von irgendjemand sorgfältig geplante Geheimoperation war, die nur mithilfe von Verrätern aus den höchsten Kreisen der sowjetischen Führung erfolgreich umgesetzt werden konnte. Und diese Verräter benutzten dann den vorliegenden Zwischenfall für die Diskreditierung der sowjetischen Armee und den fast vollständigen Austausch ihrer Führung. Davon berichtet heute auf den Seiten der »Freien Presse« der Militärjournalist Jewgenij Kiritschenko.

Rust: „Ich wartete auf den Befehl zur Landung. Aber der kam nicht."

Tatsächlich wurde das Flugzeug von Rust, das nicht auf die Kennungsabfrage antwortete (weil keine Kennungsapparatur an Bord war – Anm. B. Keuthe), von unseren Funkmessmitteln sofort geortet. Als erster meldete es der Funkorter einer Funkmessstation, der Gefreite Dilmagombetow, im Funknetz an und informierte darüber Hauptmann Ossipow, den Diensthabenden des Gefechtsstandes der Kompanie. Dann fasste eine zweite Funkmessstation mit dem Gefreiten Schargorodski das Ziel auf. Er teilte seinem operativen Diensthabenden mit, dass er ein Ziel ohne Kennung führt. Jedoch verzögerte sich die Weiterleitung der Zielinformation auf den höheren Ebenen um 15 Minuten (sozusagen ein „time-out"), um zu klären, ob es sich um einen Luftraumverletzer oder einen Verletzer des Flugregimes handelte. Oberstleutnant Karpez und Major Schwarz, die später bei dieser Geschichte für schuldig befunden wurden, entschieden, es sei eine Verletzung des Flugregimes. Sie wurden degradiert und von einem Militärgericht zu fünf Jahren Freiheitsentzug verurteilt. Aber die gesamten Informationen wurden, wenn auch mit Verspätung, auf

Befehl weitergegeben. Zum Abfangen von Rust startete ein Jagdflugzeug mit dem Piloten Oberleutnant Putschnin. Er umflog die Cessna zweimal und meldete, dass vor ihm ein „einmotoriges Leichtflugzeug sportlichen Typs mit blauen Streifen entlang des Flugzeugrumpfes" fliegt. Hätte er jetzt von der Jägerleitstation den Befehl zum Abschuss erhalten, wäre es ein Leichtes gewesen, die Cessna zu treffen. Nach den Worten von Rust, die während des Verhöres ins Protokoll aufgenommen wurden, sah er nur einmal den sowjetischen Abfangjäger und die orangefarbenen Overalls und die Sauerstoffmasken der sowjetischen Flieger in ihrem Cockpit. Rust sagte dazu vor Gericht: „Ich wartete auf den Befehl zur Landung. Aber der kam nicht. Darum behielt ich den Kurs 117 Grad bei und flog in einer Höhe von 600 Metern." Rust sprach nicht die Wahrheit. Er hatte nicht vor zu landen, sondern wollte um jeden Preis den Roten Platz in Moskau erreichen, und man umflog ihn nicht nur einmal. Um im Weiteren den Abfangjägern aus dem Weg zu gehen, entschloss sich Rust, in geringen Höhen weiter zu fliegen (unter 300 m Höhe – Anm. B. Keuthe). Solch einen Entschluss konnte nur ein Pilot fassen, der gut über die Möglichkeiten unserer Luftverteidigung informiert war. Rust hätte an diesem Tag leicht abgeschossen werden können. Solch einen Befehl gab bereits General Kromin, der die selbstständige Leningrader Armee der Luftverteidigung führte. Demgegenüber stand die Instruktion, die nach den Septemberereignissen von 1983 in Kraft gesetzt worden war, als im Fernen Osten eine südkoreanische „Boeing" abgeschossen wurde, die wie aus Versehen die sowjetische Grenze verletzt hatte. Nach dieser Instruktion war es verboten, Passagier- und leichte Sportflugzeuge abzuschießen. General Kromin suchte krampfhaft nach einer Lösung, um dem deutschen Burschen das Leben zu erhalten. Hier einige Notizen aus dem Stenogramm seines Gesprächs auf dem Armee-Gefechtsstand: „Also was, schießen wir ihn ab? Der Pilot meldet, es sei ein Flugzeug vom Typ einer Jak-12" (= sowjetisches Kleinflugzeug, das der Cessna ähnelt). Der General entschied, dass es sich um eine Verletzung des Flugregimes handelt, bei der der Pilot vergessen hatte, sein Kennungsgerät einzuschalten oder mit defekter Ausrüstung flog. Man übergab das Ziel zur weiteren Verfolgung an den Moskauer Verteidigungsbezirk, der es zuverlässig führte. Vorläufig verschwand das Zielzeichen der Cessna nicht von den Bildschirmen.

Rust landete zum Nachtanken bei Nowgorod, wo er sich auch umkleidete

Wie bekannt, flog die von Rust gesteuerte Cessna aus Helsinki um 13:15 Uhr Moskauer Zeit ab und setzte um 19:30 Uhr neben dem Roten Platz auf. Das heißt, er befand sich 6 Stunden und 15 Minuten in der Luft, wobei er eine Entfernung von rund 880 km zurücklegte. Das entspräche einer mittleren Geschwindigkeit von 140 km/h, die damit wesentlich geringer war, als die für diesen Typ übliche Reisegeschwindigkeit von 220 km/h. Dazu blies über dem größten Teil des Gebietes, das der Grenzverletzer überflog, ein Rückenwind. Das heißt, dass Rust nach allen Berechnungen ungefähr zwei Stunden früher hätte landen müssen. Folglich war die Cessna entweder entscheidend von ihrer Marschroute abgewichen oder sie hatte irgendwo eine Zwischenlandung vollzogen. Es ist nicht verwunderlich, dass wissbegierige Menschen ähnliche Berechnungen anstellten und die Frage aufwarfen: „Wo war der Amateurflieger gelandet und wer mochte ihn umgekleidet haben?" Denn aus Helsinki war Rust in Jeans und grünem Hemd abgeflogen, nach der Landung in Moskau stieg er im roten Overall aus dem Flugzeug. In Helsinki war nach der Aussage eines Journalisten auf dem Seitenleitwerk keine Darstellung der auf Hiroshima abgeworfenen Atombombe zu sehen. Woher stammte dann die, die nach der Landung auf dem Roten Platz auf dem Flugzeug vorhanden war?

Für die Version einer Zwischenlandung von Rust spricht auch die Tatsache, dass bald nach dem Überfliegen der Maschine des Grenzverletzers durch die sowjetischen Abfangjäger die Mittel der Luftverteidigung an die übergeordneten Gefechtsstände den Zielverlust meldeten. Danach haben sie ungefähr um 15:32 Uhr das Ziel verloren. Allem Anschein nach hat es der Cessna-Pilot nach dem Zusammentreffen mit den Jagdflugzeugen vorgezogen, nicht das Schicksal herauszufordern, sondern auf dem ersten bestmöglichen, folgenden Platz zu landen. Übrigens gab es im Raum Staraja Russa, wo Rust die vermutete, aufgezwungene Landung unternahm (vielleicht auch die zuvor geplante?), damals bis zu 50 Flugplätze und mehr als 60 Landeplätze, die zu verschiedenen Einrichtungen gehörten. Keiner der Plätze in diesem Bereich hatte eine Verbindung zu den Organen, die die Ordnung und die Regeln der Nutzung des Luftraums kontrollierten. Mit einem Wort: Sogar wenn sie wollten, konnten Augenzeugen bei einer Landung des überseeischen Gastes nicht dort anrufen, wo es nötig gewesen wäre. Das war einfach ein idealer Platz dafür, um sich den allessehenden Ortungsgeräten der sowjetischen Luftverteidigung zu entziehen. Und wenn Rust einen solchen Landeplatz zufällig gefunden hat, dann hatte er das große Los in der Lotterie gewonnen.

Und doch bleibt offen: Musste der deutsche Amateurpilot eine Zwischenlandung vornehmen? Er entzog sich bereits zuvor mit heftigem Höhenverlust den finnischen Jagdflugzeugen. Woraus man schlussfolgern kann, dass er sich vor den Abfangjägern nicht fürchtete. Meisterhaft imitierte er einen Absturz im Finnischen Meerbusen und überquerte dann unsere Grenze. Die finnischen Flieger aber, die aus der Luft den regenbogenfarbigen Fleck auf den Wellen entdeckten, kehrten auf ihre Basis zurück. Das ist das nächste Rätsel: „Wie konnte der ölige Fleck an der Stelle des vermeintlichen Absturzes der Cessna von Rust erscheinen?" Die später vorgenommene technische Expertise zeigte, dass das Entstehen eines solchen Flecks durch Abwerfen von Kanistern oder von Fässern unmöglich ist. Eine ähnliche, getarnte Unterstützung des deutschen Fliegers könnte allerdings von einem U-Boot oder einen Kutter erfolgt sein.

Noch ein Rätsel: Warum haben nicht nur unsere Jagdflugzeuge, die Rust abfangen sollten, sondern auch die Funkorter einer Funktechnischen Einheit fast gleichzeitig den Luftraumverletzer verloren? Das geschah irgendwo auf der Hälfte der Flugroute. „Aller Wahrscheinlichkeit nach", so erklärte Oberstleutnant W. Petrenko, Obersteuermann der Jagdfliegerkräfte des Moskauer Bezirks der Luftverteidigung, „hatte man es mit einem erfahrenen Flieger zu tun!" Woran nicht zu zweifeln war. Rust konnte sich gut vorstellen, was ihn bei einem Treffen mit den Jagdflugzeugen erwarten würde. Es hätte ausgereicht, wenn sie mit eingeschaltetem Nachbrenner über ihn hinweg gezogen wären. Deshalb war es durchaus möglich, dass Rust einen Sinkflug eingeleitet hat, der ihn auf geringe Höhen brachte, wo ihn weder die Abfangjäger, noch die Funkorter aufspüren konnten. Oder er entschloss sich zu landen.

Der frühere Stellvertreter des Kommandeurs für Gefechtsausbildung der Funktechnischen Truppen des Moskauer Bezirks der Luftverteidigung, Oberstleutnant E. Suchowerow, meint, dass der deutsche Flieger bewusst die Zwischenlandung wählte, um unsere Funkorter zu verwirren. Das heißt, dass aus einem Grenzverletzer, wie man ihn im Finnischen Meerbusen identifizierte, ein Verletzer des Flugregimes wurde, auf den niemand schießen würde. Diejenigen, die sein Abenteuer mit der Landung in Moskau vorbereiteten, so schlussfolgert der Autor der Publikation, wussten, wie es im September 1983 im Fernen Osten zum Abschuss einer südkoreanischen „Boeing" gekommen war, die angeblich aus Versehen auf sowjetisches Territorium geflogen war und auf Anfragen von den Bodenstellen nicht antwortete. Diese traurige Erfahrung hat Rust geholfen, die sowjetischen Raketensoldaten zu täuschen, weil beim nochmaligen Entdecken der Cessna die Funkorter sie auf ihren Bildschirmen nicht wie einen Luftgegner, sondern wie ein Flugzeug ohne Kennungssignal, d.h. wie einen Verletzer des Flugregimes geführt hätten. Das war vonseiten der Luftverteidigung ein sehr loyales Herangehen. Im Übrigen konnten unsere Truppen Rust von Anfang an nicht eindeutig identifizieren. Wenn sich die Ereignisse gerade so entwickelten, setzt der Autor fort, dass der Flug dem einer „Friedenstaube" gleichen sollte, die sich auf den Roten Platz setzt, so verdeckt diese Beschreibung die Tatsache eines bösen Streichs. Es scheint, als ob Rust und diejenigen, die den Flug vorbereiteten, sich das System der Sammlung und Bearbeitung der Radarinformationen des sowjetischen Systems der Luftverteidigung viel zu gut vorstellten.

Wieder kann man nur von einem eigenartigen Zufall sprechen, dass die Flugroute des Luftraumverletzers durch einen Bezirk führte, in dem am Vortag ein Jagdflugzeug MiG-25 und ein Bomber Tu-22M durch einen Flugunfall verloren gegangen waren. In der vermutlichen Absturzzone liefen aktive Such- und Rettungsarbeiten, in der Luft kreisten mehrere Hubschrauber. Natürlich konnte in solch einem Durcheinander auch ein Luftgegner entkommen, der zu diesem Zeitpunkt bereits als Verletzer des Flugregimes identifiziert worden war. Wobei Rust sein Flugzeug in der gleichen Höhe und mit derselben Geschwindigkeit flog, wie auch die Such- und Rettungshubschrauber, die entlang seiner Marschroute kreisten.

Nicht weniger seltsam sieht das Erscheinen von sechs nicht identifizierten Zielen im Raum Ostaschkowa, Kuwschinowo und Selischtscha aus. Die diensthabende Schicht des Funktechnischen Bataillons, die diese Zielzeichen auf ihren Bildschirmen beobachtete, gab die Koordinaten der Ziele um 16:39 Uhr heraus. Ihre Begleitung dauerte etwa eine halbe Stunde. Später, als sie überzeugt waren, dass sich die Ziele im Kurs und der Geschwindigkeit übereinstimmend mit Richtung und Geschwindigkeit des Windes bewegten, meldeten sie diese Ziele ab und entschieden sich, dass es Funkmessreflexionen an den Wolken seien.

Im übrigen, der damalige Kommandeur der funktechnischen Truppen, Oberst Rudak, der nach diesen Ereignissen vom neuen Verteidigungsminister der UdSSR, Dimitrij Jasow, abgesetzt wurde, obwohl er sich an jenem 28. Mai 1987 im Urlaub befand, glaubt bis heute, dass die Funkorter keine Wetterunbilden beobachteten, sondern sog. MRScha (Ballons mit geringen Ausmaßen). Sie waren von Unbekannten im Raum des Sees Seliger gestartet worden. Nach den Worten eines Offiziers stimmte die Konfiguration der Zielmarken auf den Bildschirmen der Funkmessstationen mit der von MRScha überein. Und auch ihr enges Erscheinungsbild sprach für sich. Das bedeutete, sie wurden von einer Stelle aus gestartet. Die Ballons erschienen gerade dann in der Zone der Verantwortung des Funktechnischen Bataillons, als die Cessna sie durchflog. Ein Funkorter konnte das Zielzeichen eines Luftraumverletzers inmitten der Zielmarken der MRScha schnell verlieren, die sich ja in Windrichtung bewegten, wie zum Trotz in Richtung Moskau. Später stellte sich heraus, dass sich am 28. Mai 1987 im Raum des Sees Seliger eine Gruppe westdeutscher Touristen aufhielt. Es war einfach, ähnliche Ballons zu starten. Man braucht nur genug Gasfeuerzeuge und Luftballons. Die Fachkräfte schließen nicht aus, dass zur Zeit des Fluges von Rust die Ballons zur Überlastung der Informationskanäle der Luftverteidigung aufgelassen wurden. Diese Taktik gebrauchten unsere skandinavischen Nachbarn auf den nördlichen und nordwestlichen Richtungen mehrmals. Jedoch prüften die Experten diese Version aus irgendeinem Grund nicht.

Übrigens, gerade zu der Zeit, als die Funkorter der Funkmessstationen versuchten, sich in der Vielzahl aller möglichen Zielmarken zurechtzufinden, gab der operative Diensthabende des Gefechtsstandes des Moskauer Bezirks der Luftverteidigung, Generalmajor W. B. Resnitschenko, den Befehl zum Ausschalten des Automatisierten Führungssystems (AFS, russisch ASU – Anm. B. Keuthe) wegen der Ausführung außerplanmäßiger Wartungsarbeiten. Diese Entscheidung des Generals während der komplizierten Such- und Rettungsoperation, als sich in der Luft einige wichtige Zielobjekte befanden, sieht ziemlich seltsam aus. „Ich denke, es ist kein Militärgeheimnis, wenn ich sage, dass während eines Gefechtseinsatzes niemals die Apparatur automatisierter Führungssysteme ausgeschaltet wird", erinnerte sich später Wladimir Borissowitsch. „Selbst wenn ein plötzlicher Stromausfall eintritt, werden die automatisierten Führungssysteme auf die Reservestromversorgung umgeschaltet. Deshalb, wenn zu mir unbekannte Zivilpersonen gekommen wären und mich gebeten hätten, das automatisierte Führungssystem auszuschalten, wäre ich schon überrascht gewesen. In der Luft einige nicht identifizierte Ziele und mitten unter ihnen der Luftgegner oder ein Verletzer des Flugregimes und ich soll die Apparatur abschalten?! Außerdem hielt sich in den Streitkräften eine Gruppe von Kontrolleuren aus dem Generalstab auf, die zu jeder beliebigen Zeit ein Kontrollziel starten konnte. Also habe ich sie direkt gefragt wer sie sind. Darauf haben sie gesagt, dass sie Techniker wären, d. h. Vertreter der Industrie. Ich habe es rundweg abgelehnt, das automatisierte Führungssystem auszuschalten. Die ‚Industriellen‘ fingen an, darauf zu bestehen, und Generalmajor Resnitschenko forderte von ihnen ein offizielles Schriftstück mit der Unterschrift mindestens des Oberbefehlshabers der Truppen der Luftverteidigung. Der operative Diensthabende war überzeugt, dass ihm ein solches Dokument kaum vorgelegt werden würde und war sehr verwundert, als die Vertreter der Industrie buchstäblich in wenigen Minuten dieses Schriftstück, unterschrieben vom Obersten Befehlshaber, beibrachten. Ich war nicht in der Lage, das automatisierte Steuerungssystem auszuschalten", regte sich wegen der aufkommenden Erinnerungen Wladimir Borissowitsch auf. „Aber sie fingen an, mir zu drohen. Also, wir werden anrufen, wenn es nötig ist, und dann werden die Unannehmlichkeiten nicht aufhören. – Ach, wenn man nur wüsste, wohin das führen würde!" Wladimir Borissowitsch gestand ein, dass die unsinnige Bitte der Werksvertreter, die prophylaktischen Wartungsarbeiten in einer nicht festgesetzten Stunde auszuführen, ihn von Anfang an hellhörig machte. Zuvor galt bei ähnlichen Fällen immer die Meinung des operativen Diensthabenden. Warum dieses Mal nicht?

Dem Westen gelang es, zur Verwirklichung des Projekts Personen aus der näheren Umgebung Gorbatschows heranzuziehen

Die sowjetischen Zeitungen jener Zeit, schreibt Kiritschenko, nannten, wie verabredet, den beispiellosen Flug von Rust einen jugendlichen Streich mit rowdyhaftem Ausgang, für den man anscheinend nicht bestraft werden müsste. Dabei hat sein Luftrowdytum zu Rücktritten der höchsten Armeedienstgrade geführt und Michail Gorbatschow in die Lage versetzt, eine radikale Kürzung der Streitkräfte zu beginnen. Weiter folgten die Zerstörung des Warschauer Paktes, der Fall der kommunistischen Regimes in den Ländern Osteuropas und der Abzug der sowjetischen Truppen aus Afghanistan, was den damaligen Verteidigungsminister der UdSSR, Marschall Sokolow, behinderte.

Wenn man darüber nachdenkt, erscheint der Streich des deutschen Amateurfliegers zunächst durchaus harmlos. Diese Geschichte ähnelt sehr stark einem Spektakel, das nach einem sorgfältig durchdachten Drehbuch ablief, in dem die westlichen Sonderdienste und zahlreiche Agenten, die in unseren Machtapparat eingedrungen waren, verwickelt waren.

Der Autor der Publikation führt zur Bestätigung seiner Worte den amerikanischen

Spezialisten für die Nationale Sicherheit, Williams E. Odom, an, der meinte, dass nach dem Überflug von Rust in der Sowjetischen Armee die radikalsten Veränderungen stattfanden, die zur Säuberung der Streitkräfte notwendig waren, seit den von Stalin 1937 organisierten. Ab dem Moment des Zugangs Gorbatschows zur Macht, schreibt von Odom, verblieb nur der stellvertretende Verteidigungsminister für Ausrüstung und Bewaffnung in seiner Funktion. Zu den abgelösten Militärs gehörten der Verteidigungsminister selbst, alle seine Stellvertreter, der Chef des Generalstabs und zwei seiner ersten Stellvertreter, der Oberbefehlshaber des Warschauer Vertrags und sein Stabschef, alle vier Oberbefehlshaber, alle Chefs der Gruppen der Streitkräfte in Deutschland, in Polen, in der Tschechoslowakei und in Ungarn, alle Flottenchefs und alle Befehlshaber der Militärbezirke. In einigen Fällen betraf das besonders die Führung der Militärbezirke, hier wurden die Befehlshaber dreimal ausgetauscht. Es ist schwierig zu sagen, wie weit nach unten die Welle der Säuberung rollte, aber sie erreichte mindestens die Ebene der Divisionskommandeure. Und es ist möglich, dass sie noch weiter reichte.

Unter Berücksichtigung der so betrüblichen Folgen kann man vermuten, dass der Flug des westdeutschen Amateurfliegers ganz und gar kein jugendlicher Streich war, sondern eine geschickt getarnte Spionagemission zur Erkundung der raketengefährdeten Richtungen und des Zeitplans des Diensthabenden Systems der sowjetischen Luftverteidigung. „Es gibt keine Zweifel, dass der Flug von Rust eine sorgfältig geplante Provokation der westlichen Sonderdienste war", führt Armeegeneral Pjotr Dejnekin an, der in den Jahren 1991 bis 1997 Oberbefehlshaber der Luftwaffe der Russischen Föderation war. Und das Wichtigste: Diese Sonderoperation wurde mit Einverständnis und dem Wissen einzelner Personen aus der damaligen Führung der Sowjetunion ausgeführt. Auf diesen traurigen Gedanken des inneren Verrats weist die Tatsache hin, dass sofort nach der Landung von Rust auf dem Roten Platz eine ungeahnte Säuberung der höchsten und mittleren Generalität begann, so, als ob man nur auf diesen Anlass gewartet hätte.

„Ich war in jener Zeit Chef der Fla-Raketentruppen der Luftverteidigung der UdSSR und befand mich, wie man zu sagen pflegt, an der Spitze der Ereignisse", erinnert sich noch ein unmittelbarer Teilnehmer jener Ereignisse, Generaloberst Rassim Aktschurin, der Bruder des bekannten Kardiologen Renat Aktschurin. „Während der schicksalhaften Stunden überprüfte ich in den Baltischen Ländern die Leningrader Armee der Luftverteidigung. Wenn man Rust abgeschossen hätte, das kann ich versichern, wäre es nicht einmal gelungen, seine Überreste einzusammeln. Aber wir besaßen nicht das Recht dazu, auf ihn zu schießen, wir konnten ihn nur zur Landung zwingen. Aber das ergab sich nicht, weil zwischen den Jagdflugzeugen und dem Flugzeug von Rust viel zu große Geschwindigkeitsunterschiede lagen. Aber wir konnten Rust begleiteten und unsere Maschinen flogen über ihm." Igor Morosow, ehemaliger Oberst des KGB und Teilnehmer des Krieges in Afghanistan, hält dem

155

entgegen: „Ich meine, dass es eine glänzende Operation war, die von den westlichen Sonderdiensten ausgearbeitet wurde. 25 Jahre später wird offensichtlich, dass es dem Westen gelang – und für niemanden ist es ein Geheimnis – zur Verwirklichung dieses grandiosen Projektes Personen aus der nächsten Umgebung Gorbatschows heranzuziehen, wobei man mit hundertprozentiger Wahrscheinlichkeit mit der Reaktion des Generalsekretärs des ZK der KPdSU rechnete. Und das Ziel war, die Streitkräfte der UdSSR zu enthaupten."

Russische Quelle: Читать полностью: http://www.km.ru/v-rossii/2012/05/28/ prazdnichnye-dni-i-pamyatnye-daty-v-rossii/polet-rusta-istoriya-predatelstva-v-r

Vortrag von Burghard Keuthe auf der 3. Zeitzeugenkonferenz des Luftfahrtmuseums Finowfurt am 14. September 2013

Die Möglichkeit der Bekämpfung einer SR-71 durch den S-75

Die Flüge der SR-71 entlang der Staatsgrenze der DDR und darüber hinaus begannen nach Feststellung der Luftraumaufklärungsmittel des Fla-Raketenregimentes 13 (FRR-13) im Jahr 1977. Anfangs erfolgten nur drei Flüge pro Jahr. Im Ausbildungsjahr 1981/82 zählte unser Gefechtsstand bereits 60 Flüge auf den Aufklärungsstrecken 2 (entlang der Ostseeküste) und 5 (entlang der Westgrenze der DDR). Im Ausbildungsjahr 1986/87 wuchs die Anzahl der Flüge auf 70, so festgehalten in den Chroniken des FRR-13, derzeit aufbewahrt im Militärarchiv Freiburg/Breisgau.

Für die Alarmierung der DHS-Abteilungen im Warschauer Vertrag beim Anflug der SR-71 wurde ein spezielles Alarmierungssignal eingeführt: „Jastreb" (deutsch „Habicht"). Es bedeutete für die Fla-Raketentruppen die Einnahme der Bereitschaftsstufe 1 (B-1) ohne Vorbereitung der Fla-Raketen zum Start. Für die Einnahme von B-1 benötigte eine Raketenleitstation des Typs S-75 3:30 Minuten, für eine mögliche Vorbereitung der Raketen 20 DSU zum Start noch einmal 20 Sekunden. Die SR-71 flog nach Einnahme B-1 in der Regel in einer Entfernung von 80 bis 110 km zum jeweiligen Standort.

Die Abstrahlung hochfrequenter Energie über die Antennen der Raketenleitstationen war anfangs streng verboten, um eine Aufklärung der Frequenzen zu vermeiden, wie damals generell die Abstrahlung in Richtung West durch die Fla-Raketenabteilungen/FRA untersagt war. Nur die im FRR-13 vorhandenen Rundblickstationen durften das Ziel orten und begleiten. Die ab Ende der 1970er-Jahre auftauchenden schnellfliegenden Höhenaufklärer stellten die FRA sowieso vor ein Problem. Die FRA des FRR-13 waren erst seit 1972 mit Rundblickstationen des Typs P-15 ausgerüstet worden, die besonders für die weitreichende Ortung tieffliegender Ziele geeignet waren, aber Ziele in einer Flughöhe über 7 bis 8 km nicht auffassen konnten. Daher wurde zur Gewährleistung eigenständiger Handlungen der Abteilungen auch gegen hochfliegende Ziele ab 1981 die neue Rundblickstation P-18 eingeführt. Gleichzeitig hob man das Abstrahlverbot für die Raketenleitstationen auf. Die Flüge der SR-71 waren nun als Zieldarstellung hoch- und schnellfliegender Ziele sehr willkommen und für das Training unserer Gefechtsbesatzungen außerordentlich geeignet. Denn in Grenznähe flogen keine eigenen Flugzeuge, und das FRR-13 war diesbezüglich gegenüber anderen Truppenteilen im Hinterland benachteiligt. Um den Flug einer SR-71 maximal zu nutzen, trainierte eine Gefechtsbesatzung im Diensthabenden

System das wiederholte Erfassen mit den Raketenleitstationen, bis die SR-71 aus dem Auffassungsbereich ausflog.

Gleiches erfolgte beim Rückflug. Ein Unsichtbarkeitseffekt der SR-71, d.h. eine verminderte Reflexionsfläche, konnte durch die Raketenleitstationen nicht festgestellt werden (geschätzte effektive Reflexionsfläche mehr als 5 m², entsprechend einem größeren Jagdbomber). Die ermittelte Geschwindigkeit der SR-71 entsprach nicht immer den Erwartungen der Funkorter. Natürlich waren die Leistungsparameter der SR-71 bekannt. Umso enttäuschter äußerten sich die Funkorter der RLS, wenn eine SR-71 nur mit einer Geschwindigkeit von 650 bis 700 m/s „vorbeisegelte", also mit weit unter 3,0 Mach. ← 2520 Km/h

Um entsprechend den genannten Zeiten und Strecken eine rechtzeitige Einnahme der Bereitschaftsstufe 1 durch die Fla-Raketenabteilungen zu gewährleisten, musste die SR-71 in einer Entfernung von mindestens 300 km durch die Funktechnischen Truppen geortet werden. Es würde in diesem Fall noch Zeit verblieben sein, nach Einnahme von B-1 Fla-Raketen vom Typ 20 DSU mit einer Vorbereitungszeit von 20 Sekunden startbereit zu machen. Mitunter stößt man auf die Behauptung, ein Fla-Raketenkomplex/FRK S-75 hätte eine SR-71 nicht bekämpfen können. Als Beweis wird der erfolglose Einsatz in Südostasien (insbesondere Vietnam) angeführt. Das

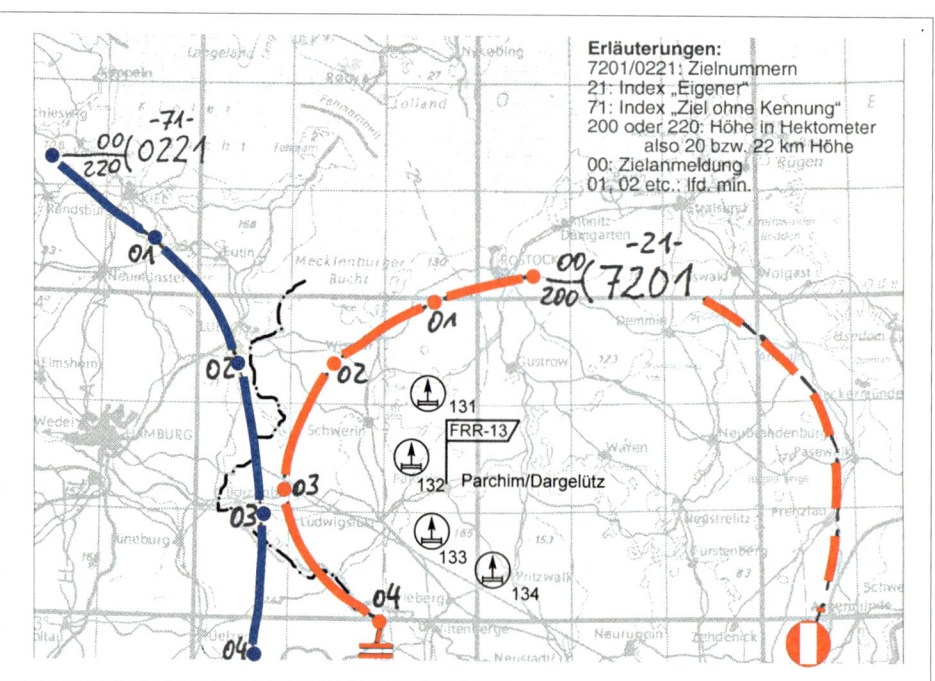

92 – Situation bei einem Anflug der SR-71 auf die Staatsgrenze der DDR mit Übergang auf die Aufklärungsstrecke 5 (Lübeck entlang der Staatsgrenze Richtung Süd). Dargestellt sind auch die vier FRA des FRR-13 und die Flugroute eines sowjetischen Abfangjagdflugzeugs MiG-25.

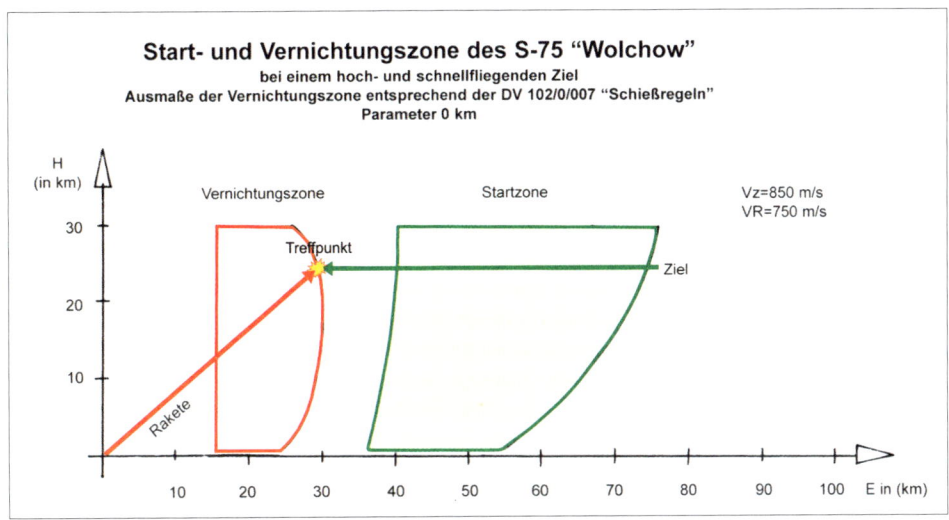

Start- und Vernichtungszone des S-75 "Wolchow"
bei einem hoch- und schnellfliegenden Ziel
Ausmaße der Vernichtungszone entsprechend der DV 102/0/007 "Schießregeln"
Parameter 0 km

93 – Bei einem tatsächlichen Einsatz der FRA des FRR-13 auf die SR-71 hätte sich das Problem ergeben, dass die Startzone aufgrund der Lage der FRA in Grenznähe in das Territorium der BRD hineinreichte. Ein möglicher Feuerbefehl hätte demzufolge gegeben werden müssen, wenn sich die SR-71 noch über BRD-Territorium befand, also eine Grenzverletzung noch gar nicht vorlag.

ist sehr einseitig dargestellt. Der FRK S-75 wurde, wie jede andere Waffe auch, nach seinem ersten Truppeneinsatz ständig weiterentwickelt und vervollkommnet. Der NATO-Code SA-2 für den S-75 ist unzulänglich und unterscheidet nicht die einzelnen Entwicklungsstufen. Der in Vietnam eingesetzte FRK war der SA-75 „Dwina". Aus diesem Komplex entstand zur Bekämpfung auch hoch- und schnellfliegender Ziele der S-75 „Wolchow", wie er im FRR-13 seit 1970 im Truppendienst stand.

Tatsächlich konnte ein FRK „Dwina", wie er in Vietnam eingesetzt wurde, keine SR-71 bekämpfen. Der Hauptgrund lag darin, dass das Entfernungsfolgesystem in den Raketenleitstationen nur für Geschwindigkeiten bis 640 m/s ausgelegt war. Schnellere Ziele konnten entfernungsmäßig nicht begleitet werden (d.h. der Funkorter für die Entfernung konnte das Ziel mit der horizontalen Marke nicht abdecken, er konnte es nicht ins Visier nehmen). Wenn doch geschossen wurde, dann nur bei Anwendung der Dreipunktmethode, einer Leitmethode ohne Vorhalt und Entfernungsbestimmung, wobei die Rakete im Endabschnitt bei schnellfliegenden Zielen ein zu hohes Lastvielfaches erfuhr und aus der berechneten Flugbahn ausbrach.

Das bewies der Einsatz in Vietnam. Der angeblich ergebnislose Verbrauch von 1000 Fla-Raketen (Chefkonstrukteur Johnson, Lockheed-Werke) bei der versuchten Bekämpfung der SR-71 spiegelt nur seine Selbstüberschätzung wider.

Der FRK S-75 „Wolchow" vermochte auf Ziele bis zu einer Geschwindigkeit von 1100 m/s zu schießen, unter Beibehaltung der Hauptleitmethode „Halbe Begradigung".

94 – Die Sende- und Empfangskabine des S-75 „Wolchow" mit dem typischen Antennenaufbau. Das Foto wurde im Jahr 1990 während des Abbaus des FRK der FRA-131 aufgenommen.

Der Komplex S-75 „Wolchow" besaß neben verbesserten Leistungsparametern (z. B. höhere Sendeleistung und Empfängerempfindlichkeit) ein erweitertes Antennensystem mit umschaltbarer Bündelung des Sendestrahls und eine Reihe von Störschutzschaltungen. Eine Gleichsetzung der Gefechtseigenschaften der Systeme „Dwina" und „Wolchow", indem man nur von einem Fla-Raketensystem „SA-2" spricht, ist daher unzulässig. Fakt ist, dass der Komplex „Wolchow" in Vietnam nicht zum Einsatz kam. Inwieweit das taktische Verhalten der Gefechtsbesatzungen von SR-71 bzw. S-75 bei einer Auseinandersetzung zum Abschuss führen konnte oder nicht, ist spekulativ. Wie auch die Gefechtshandlungen in Vietnam zeigten, zog die Einführung neuer Systeme und deren Modifikationen immer wieder den Einsatz von Gegenwaffen und Gegenmaßnahmen nach sich. Ein praktischer Beweis, dass der S-75 „Wolchow" ein mit Mach 3 fliegendes Ziel bekämpfen konnte, scheint zu fehlen. Nun, die Truppen der Luftverteidigung der NVA führten jährlich in Aschuluk Gefechtsschießen durch.

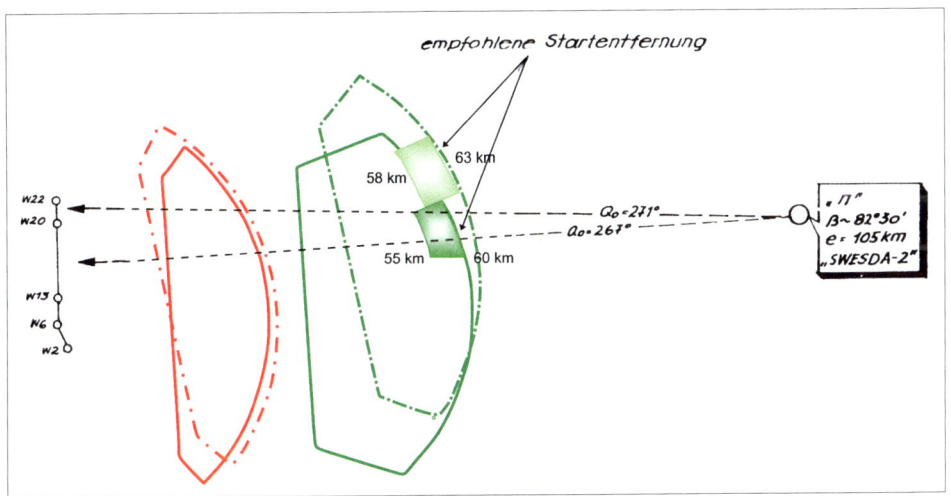

95 – Start- und Vernichtungszone des S-75 auf ein Zieldarstellungsmittel „RM" auf dem Schießplatz in Aschuluk. Links die Linie der entfalteten FRK „Wolga 1-32", rechts der Startpunkt der RM mit den Lage-Koordinaten bezüglich der FRA. Die Startzone war der Vernichtungszone vorgelagert und umfasste den Raum, in dem eine Rakete gestartet werden musste, um einen Treffpunkt mit dem Ziel in der Vernichtungszone zu erreichen.

Dort kam ab 1974 ein neues Zieldarstellungsmittel zum Einsatz: Die „RM" (RM stand für raketnij maket/Raketenmodell). Das war eine Zieldarstellungsrakete, die auf der Basis der Fla-Rakete des FRK S-25 entwickelt worden war. Sie wurde senkrecht gestartet, erreichte je nach Schießaufgabe eine Höhe von 20 bzw. 12 km, kippte dann in Richtung der Feuerstellungen der FRA ab und näherte sich ihnen unter geringem Höhenverlust mit anfänglichen ca. 1000 m/s. Im Soldatenjargon wurde sie „das fliegende Ofenrohr" genannt. Im Gegensatz zur SR-71 betrug ihre effektive Reflexionsfläche nur 0,1 bis 0,3 m². Ihre Bekämpfung mit dem S-75 erforderte durchaus eine hochtrainierte Gefechtsbesatzung, insbesondere wegen der äußerst geringen Zeitbilanz. Die regelmäßig erfolgreiche Bekämpfung der Zieldarstellungsrakete RM bewies die Fähigkeit des S-75, auch Ziele mit Geschwindigkeiten um Mach 3 bekämpfen zu können, auch bei Anwendungen von Störungen.

Burghard Keuthe

96 – Angehörige des FRR-13 nach einem erfolgreichen Schießen in Aschuluk vor einem Startfahrzeug mit darauf befindlicher „RM"

Anhang

Anmerkungen

1   Siehe „Über das Wesen des Kalten Krieges und die Rolle der Militäraufklärung", Joachim Schröter, in: Information Nr. 20 der Arbeitsgruppe Geschichte der NVA und Integration ehemaliger NVA-Angehöriger in Gesellschaft und Bundeswehr im Landesverband Ost des DBwV, Berlin 2007, S. 19.

2   „Der Handlanger der Macht – Enthüllungen eines KGB-Generals", Pawel A. Sudoplatow, Gemini Verlag, Berlin 2013, S. 160.

3   Siehe „Alaskafüchse" von Wolfgang Schreyer, Verlag des Ministeriums für Nationale Verteidigung, Berlin 1959.

4   „Der Handlanger der Macht – Enthüllungen eines KGB-Generals", von Pawel A. Sudoplatow, Gemini Verlag, Berlin 1959, S. 453.

5   Angaben nach dem Privatarchiv von Generalmajor a. D. H.-G. Löffler.

6   Aussagen von Generalmajor a. D. Alexander Karin im Gespräch mit dem Autor am 11. Juli 2013.

7   Herausgeber des Buches „Das Fla-Raketen-Regiment 13", Burghard Keuthe, Steffen Verlag, Friedland 2011.

8   Nach den damals geltenden Schießregeln war die Bekämpfung von Zielen nur im Anflug vorgesehen. Das Schießen im Einholverfahren wurde erst nach dem Abschuss der U-2 in die Schießregeln aufgenommen.

9   Soviet Air Defence Aviation, S. 132.

10 Quelle: http://german.ruvr.ru

11 Sendung „Kalter Krieg in den Wolken", Phoenix, 5. August 2011.

12 „NSA. Die Anatomie des mächtigsten Geheimdienstes der Welt", James Badford, C. Bertelsmann, Gütersloh 2002, S. 202.

13 „Die Funktechnischen Truppen der Luftverteidigung der DDR", Wolf-Rüdiger Stuppert, Siegfried Fiedler, Steffen Verlag, Berlin 2013, S. 264.

14 Ebenda, S. 264.

15 Russische Zeitschrift „MiA" (Mir Aviazia), 03/2002, Beitrag von Oberst a. D. V. G. Iwannikow.

16 Ebenda und bei www.airwar.ru.

17 Ebenda.

18 Übersetzung eines Artikels der Zeitschrift „Combat Aircraft" bei http://home.snafu.de/veith/rb-66.htm.

19 Ebenda.

20 „Hüter des Luftraumes?", Julian-André Finke, Ch. Links Verlag, Berlin 2010, S. 152.

21 Ebenda, S. 153.

22 Nach www.airwar.ru

23 Quelle: Westberlin – „Ein historischer Knall", http://home.snafu.de/veith/westberl.htm.

24 Der Autor dieses Berichtes war bei Zenit 70 als Schiedsrichter eingesetzt. In seinem Buch „Offizier, Diplomat und Aufklärer der NVA", beschreibt er die Ereignisse aus damaliger Sicht.

25 Das Transportfliegergeschwader TF-44 der LSK/LV verfügte über 3 Tu-124. Mit einer dieser Maschinen in Salonausführung flog der Autor 1972 zur Teilnahme an einem mehrmonatigen Lehrgang von Berlin nach Minsk.

26 INTERNET ARCHIV, Vol. 9, No. 3 (http://web.archiv.org).

27 Siehe Anlage 3: Das Signal „Jastreb" und die Aufklärungsflüge der SR-71, Vortrag von Burghard Keuthe auf der 2. Öffentlichen Zeitzeugenkonferenz des Luftfahrtmuseums Finowfurt am 14. September 2013.

28 Quellen: Der Spiegel 46/1976 und www.ag-friedensforschung.de/regionen/Kuba/anschlag1976.html.

29 Unternehmen Adlerklaue in „Militärische Blindgänger und ihre größten Schlachten", Geoffrey Regan, Komet Ma-Service, Frechen 1998, S. 266.

30 Ebenda, S. 267.

31 Spiegel 14/1991.

32 Nach anderen Quellen befand sich Ghaddafi auf dem Rückflug von einem Staatsbesuch in der Sowjetunion.

33 Andere Quellen sprechen von bis zu neun Jagdflugzeugen.

34 Siehe Beitrag von Wolfgang Kaufmann in „Junge Freiheit" vom 30. August 2013, S. 23.

35 Volker Liebscher „Geheime Aufklärungsflüge ‚Relais' – Die MfS-Spezialfunkdienste in Zusammenarbeit mit NVA und Sowjetarmee, Aerolit, Berlin, 2008. (Liebscher war bei Relais II und III über Jahre sowohl Leiter als auch Teilnehmer der Flüge.)

36 Siehe u. a. „Militär Transportflieger Dessau-Dresden" von Franz Spur, Verlag Aero Lit, Diepholz, 2003.

37 Die Angaben zum Verlauf und den Ergebnissen von „Eldorado Canyon" wurden aus verschiedenen Quellen zusammengestellt, so u. a. peters-ada.de/libyen_85. Außerdem enthalten sie Aufzeichnungen aus Privatarchiven der Autoren.

38 Nach: http://de.wikipedia.org/wiki/Mathias_Rust.

39 Siehe Anhang 2: „Der Flug von Mathias Rust – Die Geschichte des Verrats in der Regierung der UdSSR".

40 Siehe: www.zehn.de/02.-oktober-1990-guangzhou-china-2070602-2.

41 Angaben nach: http://en.wikipedia.org/wiki/September_11_attacks.

42 www.youtube.com/watch?v=fudypAexiKY oder: www.youtube.com/watch?v=gLYEku79egk.

43 „Zwischen den Fronten", Peter Scholl-Latour, Propyläen Verlag, Berlin, 2007, S. 50.

44 www.wsws.org/de/.

45 Nach: http://backyard-safari.blogspot.de/2010/06/kein-luftzwischenfall-ube.

46 Wiener Zeitung vom 14. März 2013.

47 Berliner Zeitung vom 7. Februar 2013: „US-Drohnen in Saudi-Arabien versteckt", von Damir Fras.

48 Quelle: Upi/imago und Westdeutsche Allgemeine Zeitung.

49 Ore, Spiegel Online vom 2. November 2013.

50 „Die Militäraufklärung der NVA", Bodo Wegmann, Verlag Dr. Köster, Berlin 2005, S. 175.

51 Angaben nach: www.manfred-bischoff.de/Allied_SIGINT_airborne.htm.

52 Siehe Beitrag „Die Fahnenflucht des ViktorBelenko".

Abkürzungsverzeichnis

Abb.	Abbildung
AFB	Air Force Base
AFuMR	Anti-Funkmess-Rakete
AWACS	Airborne Warning and Control System
B	Bereitschaftsstufe
BASC	Berlin Air Security Center
BRD	Bundesrepublik DeutschlandBStU
	Der Bundesbeauftragte für die Unterlagen des Staatssicherheitsdienstes der ehemaligen Deutschen Demokratischen Republik
bzw.	beziehungsweise
ca.	circa
CDU	Christlich-demokratische Union
CIA	Central Intelligence Agency (Zentrale Aufklärungsagentur der USA)
CSR	Ceskoslovenská Republika (Tschechoslowakische Republik)
CSSR	Ceskoslovenská Socialisticka Republika (Tschechoslowakische Sozialistische Republik)
DBwV	Deutscher Bundeswehr-Verband e.V.
DDR	Deutsche Demokratische Republik
DDR SBD	Bezeichnung von Flugzeugen der Interflug (z. B. SBD für eine Maschine)
d. h.	das heißt
DHS	Diensthabendes System
DO	Diensthabender Offizier
ECM	Electronic Counter Measure (Funktechnische Gegenwirkung)
ELINT	Electronic Intelligence

Eloka	Elektronische Kampfführung
Fla-Raketen	Flugabwehrraketen
FRA	Fla-Raketen-Abteilung
FRBr	Fla-Raketen-Brigade
FRK	Fla-Raketen-Komplex
FRR	Fla-Raketen-Regiment
FRT	Fla-Raketentruppen
FRW-24	Flugzeug-Reparatur-Werkstatt 24
FuAR-2	Funkaufklärungsregiment 2
FuFuTAkl	Funk- und Funktechnische Aufklärung
FuMS	Funkmessstation
FuMSt	Funkmessstation
FuTB	Funktechnisches Bataillon
FuTK	Funktechnische Kompanie
FuTT	Funktechnische Truppen
GB	Großbritannien
GRU	Hauptverwaltung Aufklärung der Sowjetarmee
GS	Gefechtsstand
GSG 9	Grenzschutzkommando 9, Spezialeinheit des Bundesgrenzschutzes
GSSD	Gruppe der Sowjetischen Streitkräfte in Deutschland
GRU	Glawnoje Raswedywatelnoje Uprawlenije (Militärischer Geheimdienst Russlands)
HA III des MfS	Hauptabteilung III des MfS
Hi-Lo-Hi-Profil	Flugprofil Hoch-Tief-Hoch
HUMINT	Human Intelligence – Aufklärung durch menschliche Quellen
ISAF	International Security Assistance Force (Internationale Schutztruppe für Afghanistan)
JFR	Jagdfliegerregiment
low-level-photo-run	Fotoflug auf geringer Höhe
KAL	Korean Airlines
KGB	Komitet Gossudarstwennoi Besopasnosti (Sowjetischer Geheimdienst)
km	Kilometer
KPCh	Kommunistische Partei Chinas
KPdSU	Kommunistische Partei der Sowjetunion
LSK/LV	Luftstreitkräfte/Luftverteidigung
LVD	Luftverteidigungsdivision

m	Meter
Mach	dimensionslose Zahl für das Verhältnis der Fluggeschwindigkeit zur Schallgeschwindigkeit
MFK	Marschflugkörper
MfNV	Ministerium für Nationale Verteidigung
MfS	Ministerium für Staatssicherheit
Mio.	Million
MOZ	Mittlere Ortszeit
MPA	Maritim Patrol Aircraft
MRCA	Multi Role Combat Aircraft
MRScha	Ballons mit geringen Ausmaßen
m/s	Meter pro Sekunde
NASA	National Aeronautics and Space Administration (Amerikanische Weltraumbehörde)
NATO	North Atlantic Treaty Organization (Nord-atlantisches Verteidigungsbündnis)
NKWD	Narodny kommissariat wnutrennich del (russ.; Volkskommissariat für Innere Angelegenheiten)
NNO	Nord-Nord-Ost
NORAD	North American Aerospace Defense Command (Nordamerikanisches Luftverteidigungskommando)
NSA	National Security Agency (US-Geheimdienst für elektronische Aufklärung)
NVA	Nationale Volksarmee
OZ	Ortszeit
PARPRO	Peacetime Airborne Reconnaissance Program (Programm für luftgestützte Aufklärung im Frieden)
RAF	Royal Air Force; Rote Armee Fraktion
RLS	Raketen-Leitstation
RM	Raketnij maket (Raketenmodell)
RPV	Remotely piloted vehicle (Ferngelenktes Fluggerät)
RS	Rennaissance Squadron
RW	Reconnaisance Wing
S.	Seite
SAC	Strategic Air Command (Strategisches Bomberkommando)
SFD	Spezialfunkdienst
SIGINT	Signal Intelligence (Elektronische Aufklärung)
sog.	so genannt
TFS	Tactical Fighter Squadron (Taktische Jagdfliegerstaffel)
TS-24	Transportfliegerstaffel 24

TÜP	Truppenübungsplatz
u. a.	unter anderem
UAV	Unmanned aerial vehicle (Unbenanntes Fluggerät)
UCAV	Unmanned combat air vehicle (Unbenanntes Kampffluggerät)
UdSSR	Union der Sozialistischen Sowjetrepubliken
UHF	Ultra-High-Frequency
UN	United Nations (Vereinigte Nationen)
UNO	United Nations Organisation (Organisation der Vereinten Nationen)
US	United Stated
USA	United States of America
USAF	United States Air Force
USS	United States Ship (Bezeichnung von Kriegsschiffen der USA)
UTC	Universal time coordinated (Koordinierte Weltzeit)
VKO	russische Abkürzung für luftkosmische Verteidigung
VPKA	Volkspolizei Kreisamt
VR	Volksrepublik
WTC	World Trade Center (Welthandelszentrum in New York)
WV	Warschauer Vertrag
z. B.	zum Beispiel
ZLIN-43	Kleines einmotoriges Flugzeug tschechischer Produktion
ZK	Zentralkomitee

Literaturverzeichnis

„Alaskafüchse", Wolfgang Schreyer, Verlag des Ministeriums für Nationale
Verteidigung, Berlin 1959.

„Augen am Himmel – eine Piratenchronik", Wolfgang Schreyer,
Deutscher Militärverlag, Berlin 1967.

„Hitlers Spionagegenerale sagen aus", Julius Mader, Verlag der Nationen,
Berlin 1974.

„Geschichte des Luftkriegs", Olaf Groehler, Militärverlag, Berlin 1981.

„Raketensklaven", Kurt Magnus, Deutsche Verlags-Anstalt, Stuttgart 1993.

„Luftspionage" (Band 1 und 2) Karl-Heinz Eyermann, Deutscher Militärverlag,
Berlin 1963.

„NSA – Die Anatomie des mächtigsten Geheimdienstes der Welt",
James Badford, C. Bertelsmann, München 2001.

„Geheime Aufklärungsflüge >RELAIS<",
Volker Liebscher, AeroLit Verlag, Berlin 2008.

„Die Fla-Raketentruppen der Luftverteidigung der DDR",
Bernd Biedermann, Siegfried Horst, Steffen Verlag, Friedland 2010.

„**Die Funktechnischen Truppen der Luftverteidigung der DDR**",
Wolf-Rüdiger Stuppert, Siegfried Fiedler, Steffen Verlag, Berlin 2013.

„**Die Truppenluftabwehr der NVA**", Paul Kneiphoff, Michael Brix,
Verlag am Park, Berlin 2005.

„**Das Fla-Raketen-Regiment 13**", Burghard Keuthe, Selbstverlag, Friedland 2011.

„**43. Fla-Raketenbrigade ,Erich Weinert' – Fakten und Geschichten**",
Bernd Kirchhainer, Dieter Reichelt, Lothar Hermann, Steffen Verlag,
Friedland 2012.

„**Hüter des Luftraumes?**", Julian-André Finke, Ch. Links Verlag, Berlin 2010.

„**Luftspionage und Luftaufklärung im Wandel der Zeiten**",
Botschaften der Geschichte Nr. 3 des Luftfahrtmuseums Finowfurt,
Bernd Biedermann, Wolfgang Kerner, Berlin/Dresden 2013.

„**Kampf auf allen Frequenzen**", Lothar Koch, Militärverlag der DDR,
Berlin 1988.

„**Militärische Blindgänger und ihre größten Schlachten**",
Geoffrey Regan, KOMET MA-Service, Frechen 1998.

„**Der Handlanger der Macht**", Pawel A. Sudoplatow,
1. Auflage der Sonderausgabe Gemini, Berlin 2013.

„**Zwischen den Fronten**", Peter Scholl-Latour, Propyläen Verlag, Berlin 2007.

Abbildungsverzeichnis

48	http://de.wikipedia.org/wiki/Boeing_RC-135
49	http://www.manfred-bischoff.de/DISKANT.htm
51	http://www.manfred-bischoff.de/DISKANT.htm
56	http://de.wikipedia.org/wiki/Operation_El_Dorado_Canyon
58	Arpingstone; http://de.wikipedia.org/wiki/Cessna_182
61	http://de.wikipedia.org/wiki/Grumman_F-14
62	http://de.wikipedia.org/wiki/Mikojan-Gurewitsch_MiG-23
70	http://blog.nz-online.de/peltner/files/2010/09/9-11_1.jpg
71	http://de.wikipedia.org/wiki/Terroranschl%C3%A4ge_am_11._September_2001
72	alles-schallundrauch.blogspot.com/2012/09/
73	http://web.bg.uw.edu.pl/welw/military.pl/samoloty/a-50-mainstay/a50_4.jpg
75 bis 78	wikipedia
79	http://de.wikipedia.org/wiki/Lockheed_U-2
80	http://de.wikipedia.org/wiki/Boeing_RC-135
81	http://de.wikipedia.org/wiki/Lockheed_SR-71
82	http://de.wikipedia.org/wiki/Lockheed_C-130
83	http://de.wikipedia.org/wiki/Lockheed_P-3
84	https://en.wikipedia.org/wiki/Beechcraft_C-12_Huron
85	http://de.wikipedia.org/wiki/Grumman_OV-1
86	Bernd Biedermann
87	http://de.wikipedia.org/wiki/Transall_C-160
88	Ulf Eimers; http://www.airliners.net
89	Dré Peijmen; http://www.manfred-bischoff.de/Allied_SIGINT_airborne.htm
90, 91	Bernd Biedermann
92 bis 96	Burghard Keuthe

Grafik, Collage, Zeichnung: Wolfgang Kerner

Die Herausgeber

Bernd Biedermann, Oberst a. D. Dipl. rer. mil., Jahrgang 1942

Bernd Biedermann begann nach dem Abitur 1960 als Freiwilliger den Wehrdienst in der NVA. Er entschied sich dafür, Berufssoldat zu werden, absolvierte die Flak-Artillerie-Schule in Potsdam und wurde 1962 zum Offizier ernannt. Danach versah er den Dienst in der Truppe und nahm vier Jahre am Diensthabenden System der Luftverteidigung teil. Von 1968 bis 1971 studierte er an der Militärakademie in Dresden, die er mit einem Sonderdiplom abschloss. Er verblieb zunächst als Lehroffizier an der Militärakademie, bis er 1973 zur Aufklärung wechselte. Dann absolvierte er einen Lehrgang für den Auslandsdienst und 1974 ein Praktikum beim Militärattaché in Peking. Dem schloss sich ein einjähriger Kurs an einer sowjetischen Militärakademie an. Von 1979 bis 1982 war er Gehilfe beim Militärattaché in Peking und von 1984 bis 1988 Militär-, Marine- und Luftwaffenattaché bei der Botschaft der DDR in Brüssel und Luxemburg. Danach versah er Dienst im Bereich Aufklärung und im Verifikationszentrum. Er wurde wiederholt als Manöverbeobachter eingesetzt. Nach dem 3.10.1990 diente er noch als Oberst in der Bundeswehr. Den aktiven Dienst beendete er am 31.12.1990 auf eigenen Entschluss. Von 1991 bis 2002 war er in leitenden Positionen bei privaten Kampfmittelräumfirmen tätig. Er lebt in Berlin und ist als Buchautor tätig.

Wolfgang Kerner, Oberstleutnant a. D., Dr. rer. mil., Dipl.-Ing., Jahrgang 1936

Wolfgang Kerner trat nach dem Abitur 1954 freiwillig den bewaffneten Kräften bei und besuchte zunächst die Nachrichten-Offiziersschule der Volkspolizei-See in Parow. Er absolvierte einen Funkmess-Lehrgang in Kühlungsborn und wurde anschließend zum Offizier ernannt. Von 1956 bis 1958 war er Zugführer an der Funkmess-Schule in Oranienburg. Danach nahm er ein Studium an der Artillerie-Funktechnischen Akademie in Charkow auf, das er 1964 als Diplom-Ingenieur abschloss. Bis 1966 war er als Offizier in der Ausbildungsabteilung beim Stellvertreter für Fla-Raketentruppen im Kommando Luftstreitkräfte/Luftverteidigung eingesetzt. Im gleichen Jahr erfolgte seine Versetzung zur Militärakademie „Friedrich Engels" in Dresden, wo er bis 1981 als Fachlehrer für Technik im Lehrstuhl Fla-Raketen-Truppen tätig war. Danach wechselte er in den Lehrstuhl Taktik höherer Verbände der Luftverteidigung. Dort promovierte er 1982 zum Dr. rer. mil. Im gleichen Jahr besuchte er einen Höheren Akademischen Kurs an der Militärakademie G. K. Schukow. Wolfgang Kerner schied am 30. September 1990 aus dem aktiven Dienst aus. Bis Ende der 1990er-Jahre war er bei einem Unternehmen für Sicherheitstechnik beschäftigt. Er lebt in Dresden und ist publizistisch tätig.

Dieses Buch konnte nur entstehen, weil ich mit Dr. Wolfgang Kerner einen kongenialen Partner gefunden habe. Er hat nicht nur alle Abbildungen entworfen und die Fotos bearbeitet, er war auch maßgeblich an der Gestaltung der Texte beteiligt. Wir haben uns gut ergänzt und die Arbeit hat immer Freude bereitet. Danke, lieber Wolfgang!

Mein Dank gilt auch Dr. Ernst-Jürgen Langrock, mit dem mich seit unserer gemeinsamen Zeit bei der Truppe Anfang der 1960er-Jahre eine lange Freundschaft verbindet, und der uns darin bestärkt hat, das Thema Luftprovokationen und Spionageflüge aufzugreifen. Seine kritischen und sachdienlichen Hinweise waren stets sehr hilfreich.

Ausdrücklich bedanken möchte ich mich bei Manfred Bischoff für die Erlaubnis, von ihm die Beschreibungen spezieller Aufklärungsflugzeuge des Westens übernehmen zu dürfen. Seine Hinweise auf weitere Quellen und den korrekten Umgang damit waren für uns sehr wertvoll.

Volker Liebscher danke ich für die Überlassung einer Datei seines Buches „Relais" und die Erlaubnis, Auszüge daraus in dem Beitrag „Diskant/Relais III" wiederzugeben.

Burghard Keuthe ist zu danken für die Übertragung der russischen Texte, die Überlassung seines Vortrags zur SR-71 und seine qualifizierte fachliche Beratung.

Herzlichen Dank auch an Hans-Georg Löffler, der uns Teile seines Privatarchivs zur Verfügung stellte. Dadurch konnten wir den Hubschrauberzwischenfall von 1958 rekonstruieren und von irreführenden Darstellungen befreien.

Bei Dr. Lilo Krüger möchte ich mich herzlich dafür bedanken, dass sie unser Manuskript akribisch überabeitet und in die vorliegende Fassung gebracht hat.

Mit authentischen Informationen aus eigenem Erleben haben Alexander Karin, Dr. Bernd Schwipper, Siegfried Horst, Gerhard Spakowski und Lothar Herrmann zur Bereicherung einzelner Episoden beigetragen. Als Zeitzeugen konnten sie sich an Einzelheiten erinnern, die anderen Quellen nicht zu entnehmen waren. Sehr hilfreich war auch die Unterstützung, die wir von Martin Kunze und Johannes Bretschneider erfahren haben.

Ihnen allen herzlichen Dank.

Gerhard Leutert
Fallschirmjäger der NVA
288 Seiten, 252 Abbildungen, Broschur
ISBN 978-3-942477-23-9, 19,95 €

In diesem Buch wird umfänglich über die Fallschirmjäger der NVA berichtet –
zum Aufbau, zu der Entwicklung und zu den Zielen, Aufgaben und Leistungen
der kleinsten Waffengattung der Landstreitkräfte. Das oft aufopferungsvolle
Wirken der Fallschirmjäger der NVA wird in den Fokus dieser bebilderten
Publikation gerückt. Der Autor, der als Fallschirmjäger die Anfangsentwicklung
dieser Spezialeinheit durchlebt und besonders die Fallschirmentwicklung in
der NVA im Weiteren mitgestaltet hat, erläutert die Vorgänge, Verhältnisse und
Zusammenhänge. Von Nacht- und Wassersprüngen über Manöver wie »Waffen-
brüderschaft 70« bis hin zu folgenschweren Unfällen lässt der Autor ein Stück
NVA-Militärgeschichte aufleben.

www.steffen-verlag.de

Hans-Albert Hoffmann
Die deutsche Heeresführung im Zweiten Weltkrieg
248 Seiten, 144 Abbildungen, Broschur
ISBN 978-3-942477-08-6, 19,95 €

Die Bunkerruinen »Maybach« und »Zeppelin« in Wünsdorf bei Berlin zeugen noch heute von Hitlers »Kriegsstammsitz«. Die Geschichte der deutschen Heeresführung wurde nun auf der Grundlage umfangreicher Vor-Ort-Recherchen, von Studien vorhandener Zeitdokumente und militärischer Memoirenliteratur sowie durch Befragungen von Zeitzeugen nachgezeichnet. Entstanden ist ein einmaliges zeitgeschichtliches Dokument, das Auskunft über die militärischen Dienststellen der Wehrmacht gibt, die Planung und Führung der Feldzüge Hitlers im Verlauf des Krieges und die Dienstabläufe. Besondere Beachtung wird dem Oberkommando des Heeres (OKH) im Hauptquartier Zossen/Wünsdorf und im Feldquartier »Mauerwald« in Ostpreußen geschenkt. Es wird weiterhin die Rolle des Generalstabes im Spannungsfeld zwischen Befehlserfüllung und Opposition gegenüber Hitler in den einzelnen Kriegsphasen betrachtet.

www.steffen-verlag.de

Die Deutsche Nationalbibliothek verzeichnet diese Publikation
in der Deutschen Nationalbibliografie;
detaillierte bibliografische Daten sind
im Internet über http://dnb.d-nb.de abrufbar.

1. Auflage 2014
© Steffen Verlag
Steffen GmbH, Erich-Weinert-Straße 138, 10409 Berlin, Tel.: (0 30) 41 93 50 08
www.steffen-verlag.de, info@steffen-verlag.de

Herstellung: Steffen GmbH, Mühlenstraße 72, 17098 Friedland,
www.steffendruck.com

ISBN 978-3-942477-80-2